VEGETARISCH
für Faule

für Milou

von

Mama

8.2015

VEGETARISCH FÜR FAULE

Text: Martin Kintrup
Fotos: Michael Wissing

BEQUEMMACHER

FÜR DEN KLEINEN HUNGER

HAUSMANNSKOST

ITALIENISCHES

EINKAUFSZETTEL

auch zum Download auf
www.gu.de/kochenfuerfaule

ENDLICH FUTTER FÜR FAULE VEGETARIER

Einfach mal faul sein – das ist kein Privileg der Fleischesser, auch Veggies mögen es zwischendurch **bequem**. Kein Wunder, denn im Alltag lauert überall der Stress – in der Küche hat er dagegen nichts verloren!

Damit **vegetarische Küche** tatsächlich **schnell** und **einfach** ist, gilt es ein bisschen zu tricksen, denn wo Gemüse die Hauptrolle spielt, ist vom Schälen und Schnibbeln bis Raspeln umfangreiche Handarbeit nicht ausgeschlossen. Wir haben den Schwerpunkt aus diesem Grund auf **„pflegeleichte" Gemüsesorten** gelegt und greifen dort zum TK-Gemüse, wo es ansonsten etwas anstrengend würde.

Neben dem Gemüse sind auch alle anderen verwendeten Lebensmittel **bequem und blitzschnell zubereitet.** Denn zum Glück gibt es im Supermarkt mittlerweile eine große Auswahl an schnellen Produkten, die wir in diesem Buch fleißig verwenden. Ob Instant-Polenta, -Couscous, frische Nudeln oder vorgegarter Reis, eines ist für uns aber ganz wichtig:

Alle Produkte sind möglichst **naturbelassen** und ohne Geschmacksverstärker. So ist die faule Küche **gesund, nahrhaft und ausgewogen.**

Auch beim Einkauf sollten die Wege nicht zu weit sein – die im Buch verwendeten Zutaten sind in der Regel im **Supermarkt um die Ecke** erhältlich – und noch dazu günstig.

Bequem kochen heißt auch **Zeit sparen** – bei keinem Rezept benötigen Sie länger als 30 Minuten, viele sind bereits **in 10–20 Minuten startklar.** Einige Gerichte werden nach kurzer Vorbereitungszeit in den Ofen geschoben oder müssen noch etwas durchkühlen – Arbeitszeit ist das nicht und wirkt sich so nur wenig auf den **Faulheitsfaktor** aus.

Jetzt ist es an der Zeit, auch die letzten Vorurteile über die vegetarische Küche über Bord zu werfen – nämlich, dass sie arbeitsintensiver als die Fleischküche ist. Also: Ran an die Töpfe und auf zu neuen **Rekordzeiten!**

BEQUEMMACHER

BEQUEME LEBENSMITTEL ...

... machen das Kochleben leichter. Besonders praktisch sind Produkte ...

... aus dem Tiefkühlfach: Perfekt als Gemüse sind z. B. Erbsen, Spinat oder Suppengemüse. Dazu gesellen sich Kräuter, Blätterteig, Beeren und Eis.

... aus dem Glas oder der Dose: Faule greifen zu eingelegten Kapern, Oliven, Artischockenherzen, Peperoni und Chilis. Schnelle Würze bringen Konfitüren, Chutneys und Saucen. Zeitsparend sind vorgekochte Hülsenfrüchte und Obst, z. B. Aprikosen, aus Dose oder Glas.

... aus der Gemüseecke: Küchenfertiger, junger Blattspinat darf einfach so in Pfanne oder Topf landen. Bereits geputzter Salat muss nur mal kurz gewaschen und trocken geschüttelt werden. Erst schneiden, dann waschen – mit diesem Trick ist auch Lauch schnell zubereitet. Bei Bio-Minigurken, Zucchini oder Tomaten reicht Waschen aus. Champignons und Shiitake sind besonders „pflegeleichte" Pilze.

... aus dem Frischeregal: Hier lieben faule Vegetarier frische Nudeln und Spätzle, Blätter- und Pizzateig, Tofu in vielen Geschmacksrichtungen, Kräuterbutter und geriebenen Käse.

– ECHT VEGETARISCH ...

... sind viele Lebensmittel im Supermarkt. Man erkennt sie leider nicht immer auf den ersten Blick. Für Vegetarier geeignet sind ...

... Käsesorten mit pflanzlichem oder mikrobiellem Lab: Dazu zählt z. B. der italienische Hartkäse Montello, der die traditionell mit tierischem Lab hergestellten Klassiker Parmesan und Grana Padano bestens ersetzen kann. Auch viele andere Sorten wie Feta-Käse, Mozzarella, Ziegenkäse, Emmentaler oder Blauschimmelkäse gibt es in rein vegetarischer Version. Und die meisten Quark- und Frischkäsesorten (siehe auch Produkte ohne Gelatine) werden nicht mit tierischem Lab hergestellt. Aber Vorsicht! Es gibt keine Deklarationspflicht. Wer sicher gehen will, ob und welches Lab verwendet wurde, fragt am besten beim Hersteller oder an der Käsetheke nach oder informiert sich im Internet, z. B. auf www.kaeseseite.de.

... Produkte ohne Gelatine: Zum Glück für Lacto-Vegetarier werden die meisten säuerlichen Milchprodukte mit Sauermilchbakterien dickgelegt. Allerdings sollten Sie sich trotzdem vor dem Kauf von Quark, Joghurt & Co. im Supermarkt oder Internet informieren. Denn für festere Konsistenz bei Quark und Joghurt sorgt häufig Gelatine, die aus tierischem Bindegewebe oder Knochen gewonnen wird. Sie kann außerdem auch bei der Herstellung von Säften und Essig eine Rolle spielen. Strenge Vegetarier sollten sich auch hier im Internet oder direkt beim Hersteller informieren.

... Agar-Agar: Die perfekte vegetarische Alternative zu Gelatine. Das aus Meeresalgen gewonnene Pulver ist zudem viel praktischer, weil es schneller geliert.

BEQUEME GERÄTE ...

... sind der Schlüssel zu arbeits- und zeitsparendem Kochen. Benötigt werden dafür ...

... ein Pürierstab: Er püriert und zerkleinert alles blitzschnell. Am besten und bequemsten sind Geräte, die einen Aufsatz mit geschlossenem Mixbecher haben. So spritzt nichts, und die Küche bleibt auch in heiklen Fällen sauber.

... ein Wok: In ihm können alle Pfannengerichte zubereitet werden. Zum Rand hin wird die Temperatur immer geringer – das ist superpraktisch, weil man etappenweise anbraten und bereits Gegartes einfach an den Rand schieben kann. Am besten leichte, beschichtete Woks kaufen.

... eine Knoblauchpresse: Sie verhindert, dass die Finger nach dem Kochen stundenlang nach Knoblauch duften. Achten Sie beim Einkauf darauf, dass die Presse leicht zu reinigen ist. Für ganz Faule gibt es Modelle, in die die Zehe mit Schale eingelegt und gepresst werden kann. Tipp: Auch junger Ingwer – zu erkennen an fester straffer Haut und hellgelbem Fleisch mit wenig Fasern – lässt sich ganz leicht durchpressen.

... ein Sparschäler: Damit schälen Sie Möhren, Kartoffeln und Süßkartoffeln nicht nur hauchdünn, sondern auch blitzschnell.

FIX WÜRZEN ...

... ist kinderleicht mit ...

... den 4 für den Frischekick: Ingwer – frisch oder als Pulver – hat ein zitroniges, leicht scharfes Aroma, ebenso wie Bio-Zitronenschale und Zitronengraspaste. Frische Kräuter verwöhnen den Gaumen mit ätherischen Ölen.

... den 4 scharfen Exoten: Ob als Paste oder Pulver – Curry würzt Gerichte mit indischem oder südostasiatischem Anklang. Pul biber (türkische getrocknete Paprikaplättchen) heizt richtig ein, ebenso wie frische oder eingelegte Chilischote und scharfe Chilisauce.

... den 4 milden Exoten: Kurkuma, gemahlener Kreuzkümmel und Koriander sowie Safran, besonders praktisch als Pulver, geben Gerichten eine wohlige Wärme.

... den 4 scharfen Klassikern: Senf und Meerrettich verleihen je nach Sorte milde bis kräftige Schärfe. Mit Pfeffer und Cayennepfeffer, also fein gemahlenen Chilischoten, geben Sie einem Gericht den letzten Schliff. Vorsicht: Senf kann Essig enthalten, der mit Gelatine hergestellt wurde (Seite 9).

FÜR DEN KLEINEN HUNGER

Große Lust auf kleine Snacks?

DIE SCHNELLEN 4
FÜR DEN KLEINEN HUNGER

BLITZSALATE

Salatmix und junger Blattspinat aus der Tüte garantieren Salatgenuss ohne Schnibbeln und Putzen | fertige Mischungen nur waschen und trocken schleudern | immer nur kurz und kühl lagern | länger haltbar und fast genauso fix sind Romana-Salatherzen, Radicchio- und Rucola-Salat | Salatmix und Rucola geben Wraps (Seite 20–21) knackigen Biss | Salatherzen schmecken auch angebraten hervorragend (Seite 22) | Rucola und Salatmix lieben fruchtige Ergänzungen (Seite 25 und Seite 110) | für ein **Blitz-Dressing** 2 EL Aceto balsamico mit je 1 TL körnigem Senf und Honig verrühren. 3 EL Öl unterschlagen und das Dressing mit Salz und Pfeffer abschmecken.

COUSCOUS

Absoluter Liebling der faulen Vegetarier ist vorgegarter Instant-Couscous | die Weizengrießkügelchen sind Knall auf Fall gar | müssen nur mit kochendem Wasser übergossen werden und ein paar Minuten nachziehen | Couscous schmeckt als **Salat** (Seite 26) | blitzschnelle **Beilage**, z. B. zu Möhren-Tomaten-Gemüse (Seite 45) oder Pfirsich mit Honig-Ziegenkäse (Seite 109) | **Tomatensalat** (Seite 24) wird zum Sattmacher-Essen, wenn Sie 1 Tasse Couscous nach Packungsanweisung zubereiten, abkühlen lassen und untermischen.

KRESSE

Rasante Retter, wenn ein Gericht farblos daherkommt oder noch aromatischen Frischekick braucht | **Kresse einfach mit der Schere vom Beet schneiden und über das Essen streuen – fertig!** | Kresse bleibt im Kühlschrank mindestens 1 Woche frisch | **frisches Topping** z. B. für Gurken-Taler (Seite 17), Rote-Bete-Creme-Suppe (Seite 31) oder Penne mit grünem Spargel (Seite 64) | klassischer Bestandteil der **Grünen Sauce** (Seite 52) | macht aus Quark einen tollen **Brotaufstrich**: Dafür 1 Beet Kresse abschneiden und mit 150 g Quark, 1 EL Apfelessig und 2 EL Rapsöl verrühren und mit Salz und Pfeffer abschmecken.

TORTILLAS

Pfiffige Pfannkuchen aus dem Supermarkt | ob aus Mais oder Weizen: **Nur kurz in der Pfanne erhitzt, fein gefüllt und aufgerollt werden daraus Ruck-Zuck-Röllchen mit Suchtfaktor** | zum Wrappen (Seite 20–21) eignen sich besonders die weichen Weizentortillas | auch die Zutaten des Halloumi-Burgers (ohne Brötchen; Seite 100) lassen sich gern in Tortillas einrollen | in Streifen geschnitten und angebraten sind sie ein **knuspriges Topping** für die Maiscreme (Seite 30).

4 x SCHNELLE HÄPPCHEN ...

TOMATEN-CROSTINI

Für 6 Häppchen

2 kleine **Tomaten** waschen und klein schneiden, dabei den Stielansatz entfernen. 1 **Frühlingszwiebel** putzen, waschen und in Ringe schneiden. Beides in einer Schüssel mit je ½ EL **Weißweinessig** und **Öl** sowie ½ TL **Zucker** verrühren. 1 kleine **Knoblauchzehe** schälen und dazupressen. Alles mit **Salz** und **Pfeffer** abschmecken. 1 Kugel **Mozzarella** (125 g) in 6 Scheiben schneiden. 50 ml **Öl** in einer Pfanne erhitzen. 6 ca. 2 cm dicke **Baguettescheiben** darin von beiden Seiten knusprig braun braten. Mit dem Mozzarella und den Tomaten belegen, auf einer Platte anrichten und servieren.

PASST GUT DAZU:
grüner Salat und Austernpilze mit Kräuteröl (Seite 108).

BRIE-KRÄCKER

Für 6 Häppchen

6 **Basilikumblättchen** waschen und trocken tupfen. 80 g **Brie** in 6 Stücke schneiden. 1 kleine **Knoblauchzehe** schälen, pressen und mit 50 g **Frischkäse** in einem Schälchen verrühren. 6 **Kräcker** mit dem Frischkäse bestreichen. Je 1 **Basilikumblatt** und 1 Stück Brie drauflegen. Je 1 TL **Preiselbeermus** (Fertigprodukt) draufgeben. Auf einer Platte anrichten und servieren.

PASST GUT DAZU:
Kartoffelsuppe (Seite 31).

... als bequemes Fingerfood für spontane Gäste oder ganz einfach zum Snacken zwischendurch.

GURKEN-TALER

Für 6 Häppchen

½ **Bio-Mini-Salatgurke** heiß waschen, trocken reiben und in 12 Scheiben schneiden. 6 **Pumpernickeltaler** mit je 1 TL **Frischkäse** bestreichen und mit den Gurkenscheiben belegen. Je 1 TL **Tapenade** (Olivenpaste; Fertigprodukt) daraufsetzen. **Kresse** von ½ Beet mit einer Schere abschneiden und die Häppchen damit garnieren. Auf einer Platte anrichten und servieren.

PASST GUT DAZU:
Rote-Bete-Salat (Seite 25) oder Tomatensalat (Seite 24).

AVOCADO-BAGUETTE

Für 6 Häppchen

1 kleine reife **Avocado** halbieren, entkernen, schälen, in Scheiben schneiden. Mit 1 EL **Zitronensaft** beträufeln und mit **Salz** und **Pfeffer** würzen. 3 eingelegte **Artischockenherzen** ebenfalls in Scheiben schneiden. 1 kleine **Knoblauchzehe** schälen. 50 ml **Öl** in einer Pfanne erhitzen. 6 ca. 2 cm dicke **Baguettescheiben** darin von beiden Seiten knusprig braun braten. Knoblauch dazupressen und kurz mitbraten. Die Brote mit Avocado und Artischocken belegen und mit je 2–3 **Kapern** (aus dem Glas) garnieren. Auf einer Platte anrichten und servieren.

PASST GUT DAZU:
grüner Salat.

HALLOUMI-FLADENBROTE

Feines Fastfood für zu Hause

FÜR 2 PERSONEN

- -

1 Tomate
1 rote Zwiebel
100 g Salatmix
2 EL Weißweinessig
2 EL Öl
Salz | Pfeffer
125 g Halloumi-Käse
2 kleine Fladenbrote
100 g Zaziki (Fertigprodukt)

- -

ZUBEREITUNGSZEIT: 20 MIN.
PRO PERSON: 770 KAL.

1 Die Tomate waschen und ohne den Stielansatz in Scheiben schneiden. Die Zwiebel schälen und in dünne Ringe schneiden. Den Salatmix waschen und trocken schleudern. Mit Essig und 1 EL Öl mischen und mit Salz und Pfeffer würzen.

2 Den Halloumi in 4 Scheiben schneiden. Restliches Öl in einer Pfanne erhitzen und den Halloumi darin rundherum goldbraun anbraten.

3 Die Fladenbrote durchschneiden und toasten, bis sie leicht gebräunt und knusprig sind. Oder die Brote im vorgeheizten Backofen bei 220° (Umluft 200°) in 3–5 Min. knusprig aufbacken.

4 Die Innenseiten der Fladenbrote mit Zaziki bestreichen. Mit Salat, Zwiebel, Tomaten und Halloumi belegen. Die Brote zusammenklappen und servieren.

TIPP:

Wer mag, belegt die Brote zusätzlich mit Paprikastreifen, Gurkenscheiben oder Avocadospalten. Statt Zaziki eignen sich auch Hummus, Guacamole oder Tapenade, die Sie als Fertigprodukte im Supermarkt finden.

4 × SCHNELLE WRAPS ...

FETA-TOMATEN-FÜLLUNG

Für 2 Wraps

1 **Knoblauchzehe** schälen und mit 1 großen Handvoll **Basilikumblättchen**, 50 ml **Olivenöl** und 1 TL **Essig** pürieren, Marinade mit wenig **Salz** und **Pfeffer** würzen. 100 g **Feta-Käse** klein würfeln und 10 Min. in der Marinade ziehen lassen. Inzwischen 1 rote **Zwiebel** schälen und in Ringe schneiden. 10 **Kirschtomaten** waschen und halbieren. 50 g **Salatmix** waschen und trocken schleudern. Zunächst Feta und Tomaten, dann Zwiebeln und Salat auf den Tortillas verteilen. Wraps wie beschrieben einrollen.

AVOCADO-APFEL-FÜLLUNG

Für 2 Wraps

1 kleinen **Apfel** waschen, halbieren, das Kerngehäuse entfernen und die Hälften klein schneiden. 1 **Frühlingszwiebel** putzen, waschen und in Ringe schneiden. 1 reife **Avocado** halbieren, entkernen, schälen und klein schneiden. Alles mit 60 g **Salatmayonnaise**, 2 EL **Zitronensaft** und 1 TL **Senf** verrühren. 2 **Knoblauchzehen** schälen und dazupressen. Mischung mit **Salz** und **Pfeffer** abschmecken. 1 **Salatherz** zerpflücken, waschen, trocken schleudern und in Streifen schneiden. Zunächst die Avocado-Apfel-Mischung, dann den Salat auf den Tortillas verteilen. Wraps wie beschrieben einrollen.

... für unterwegs: Dafür je 2 weiche Weizentortillas (Fertigprodukt) nacheinander in einer Pfanne ohne Fett erwärmen. Herausnehmen, mit der Füllung belegen und rechts und links ein wenig einschlagen. Wraps dann eng aufrollen. Zum Transport in Pergamentpapier wickeln.

RUCOLA-ZIEGENKÄSE-FÜLLUNG

Für 2 Wraps

50 g **Rucola** putzen, waschen und trocken schleudern. Die Blätter nach Belieben klein zupfen. 120 g **Ziegenkäserolle** in Scheiben schneiden. Tortillas mit je 1 TL **Senf** und gut 1 EL **Frischkäse** bestreichen und mit Ziegenkäsescheiben, 40 g getrockneten **Cranberrys** und Rucola belegen. Mit **Pfeffer** würzen und mit je 1 EL **Aceto balsamico** beträufeln. Wraps wie beschrieben einrollen.

SPINAT-KICHERERBSEN-FÜLLUNG

Für 2 Wraps

1 Dose **Kichererbsen** (Abtropfgewicht 240 g) in ein Sieb abgießen, kalt abspülen und abtropfen lassen. Dann mit 80 g **Salatmayonnaise** und 2 EL süßer **Chilisauce** verrühren und mit **Salz** und **Pfeffer** würzen. 150 g **Räuchertofu** in Streifen schneiden und in einer Pfanne in 1 EL **Öl** anbraten. 100 g jungen **Blattspinat** (küchenfertig) dazugeben und zusammenfallen lassen. Tofu-Spinat-Mischung mit je 1 EL **Weißweinessig** und **Sojasauce** würzen und mit **Salz** und **Pfeffer** abschmecken. Zunächst die Kichererbsen, dann die Tofu-Spinat-Mischung und 60 g grüne **Oliven** (ohne Stein) auf die Tortillas geben. Wraps wie beschrieben einrollen.

GEBRATENER ROMANASALAT

Raffiniert, edel und blitzschnell

FÜR 2 PERSONEN

1 EL Pinienkerne
1 rote Zwiebel
120 g Brie
120 g Erdbeeren
1 Romana-Salatherz
3 EL Öl
2 EL Aceto balsamico
Salz | Pfeffer
1–2 TL grüne Pfefferkörner (aus dem Glas)
4 Scheiben Baguette

ZUBEREITUNGSZEIT: 20 MIN.
PRO PERSON: 565 KAL.

1 Pinienkerne in einer Pfanne ohne Fett hellbraun anrösten und herausnehmen. Die Zwiebel schälen und in dünne Ringe schneiden. Den Brie in Scheiben schneiden. Die Erdbeeren waschen, putzen und in Scheiben schneiden.

2 Das Salatherz waschen, längs halbieren und trocken tupfen. In einer Pfanne 1 EL Öl erhitzen, Salathälften darin bei starker Hitze mit der Schnittseite nach unten 1–2 Min. anbraten. Mit dem Essig ablöschen und zugedeckt bei kleiner Hitze 1–2 Min. garen. Salathälften mit Salz und Pfeffer würzen.

3 Erdbeeren, Brie, Zwiebel und Pfefferkörner auf zwei Tellern verteilen. Mit dem restlichen Öl beträufeln und mit Salz und Pfeffer würzen. Die Salatherzen darauf anrichten, mit den Pinienkernen bestreuen. Mit dem Baguette servieren.

TIPP:
Statt Romanasalat Radicchio oder Chicorée verwenden. Diese Sorten jedoch 2–3 Min. länger garen.

4 x SCHNELLE SALATE ...

TOMATENSALAT

Für 2 Personen

250 g **Kirschtomaten** waschen und halbieren.
2 **Frühlingszwiebeln** putzen, waschen und in
Ringe schneiden. 1 Bund **Petersilie** waschen,
trocken schütteln und die Blätter abzupfen. Alles
in einer Schüssel mit 50 g schwarzen **Oliven**
mischen. Den Salat mit je 2 EL **Aceto balsamico**
und **Öl** sowie 1 TL **Honig** beträufeln. Mit **Salz**
und **Pfeffer** würzen, alles gut verrühren und kurz
ziehen lassen. Tomatensalat mit Salz abschmecken und servieren.

PASST GUT DAZU:
Röstbrot oder türkisches Fladenbrot.

GURKENCOCKTAIL

Für 2 Personen

Für das Dressing 50 g **Sahne** mit 1 EL **TK-Dill**,
je 1 TL **Senf, Meerrettich** (aus dem Glas) und
Zucker sowie 2 EL **Weißweinessig** verrühren
und mit **Salz** und **Pfeffer** abschmecken.
1 **Bio-Mini-Salatgurke** heiß waschen, trocken
reiben und würfeln. 50 g **Feta-Käse** ebenfalls
fein würfeln. Gurke, Feta und 50 g **Silberzwiebeln** (aus dem Glas) auf Gläser verteilen
und das Dressing darüberträufeln. Gurkencock-
tail mit etwas TK-Dill garniert servieren.

PASST GUT DAZU:
Röstbrot oder Kräcker.

... für die große Lust auf cooles Gemüse und knackige Blättchen – ruckzuck geschnibbelt, fix mit Dressing angemacht – fertig!

RUCOLASALAT

Für 2 Personen

Für das Dressing je 1 EL körnigen **Senf** und **Honig** mit 2 EL **Weißweinessig** verrühren. 3 EL **Öl** unterschlagen, Sauce mit **Salz** und **Pfeffer** abschmecken. 100 g **Rucola** putzen, waschen und trocken schleudern. Die Blätter nach Belieben klein zupfen. ½ **Papaya** entkernen, schälen und in Spalten schneiden. 8 **Erdbeeren** waschen, putzen und halbieren. Rucola, Papaya, Erdbeeren und 100 g **Mini-Mozzarella-Kugeln** mit dem Dressing mischen und kurz ziehen lassen. Auf Teller verteilen und servieren.

PASST GUT DAZU:
Gurken-Taler (Seite 17) oder Avocado-Baguette (Seite 17).

ROTE-BETE-SALAT

Für 2 Personen

Für das Dressing 2 geh. TL **Pflaumenmus** mit 2 TL **Senf** und 3 EL **Weißweinessig** verrühren. 3 EL **Öl** unterschlagen, die Sauce mit **Salz** und **Pfeffer** würzen. 500 g vorgekochte **Rote Beten** (vakuumverpackt) kurz abtropfen lassen und klein schneiden. 2 **Frühlingszwiebeln** putzen, waschen und in Ringe schneiden. Rote Beten und Frühlingszwiebeln mit dem Dressing mischen und 5 Min. ziehen lassen. 40 g **Haselnussblättchen** in einer Pfanne ohne Fett etwas anrösten und untermischen. Salat mit Salz abschmecken.

PASST GUT DAZU:
Folienkartoffel mit Grüner Sauce (Seite 52) oder mit Knoblauchdip (Seite 53).

COUSCOUSSALAT

Taboulé mal anders – aber genauso fix!

FÜR 2 PERSONEN

- 100 g Couscous
- 1 TL gekörnte Gemüsebrühe
- 1 TL getrockneter Dill
- Salz | Pfeffer
- 1 kleiner Radicchio
- 2 EL Öl
- 3 EL Orangensaft
- 1 EL Weißweinessig
- 2 TL Honig
- 100 g kernlose Weintrauben
- 100 g Räuchertofu
- ½ Beet Kresse

ZUBEREITUNGSZEIT: 20 MIN.
PRO PERSON: 450 KAL.

1 Den Couscous mit gekörnter Brühe und Dill in einer Schüssel mischen, salzen und pfeffern. Mit 180 ml kochendem Wasser übergießen und 8 Min. zugedeckt quellen lassen.

2 Inzwischen den Radicchio waschen, den harten Strunk entfernen, die Blätter in Streifen schneiden. Radicchio in einer Servierschüssel mit 1 EL Öl, dem Orangensaft, Essig, Honig und 1 Prise Salz mischen, etwas durchkneten und durchziehen lassen.

3 Die Weintrauben waschen, von den Stielen zupfen und nach Belieben halbieren. Den Räuchertofu würfeln und in einer Pfanne im restlichen Öl rundherum anbraten.

4 Den gequollenen Couscous etwas auflockern und mit den Weintrauben und dem Tofu zum Radicchio geben. Alles durchrühren und mit Salz und Pfeffer abschmecken. Die Kresse mit einer Schere abschneiden und darüberstreuen.

PASST GUT DAZU:
Tomaten-Crostini (Seite 16), Halloumi-Fladenbrote (Seite 18) oder -Burger (Seite 100).

BUNTER NUDELSALAT

So einfach – und sooo lecker!

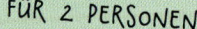

FÜR 2 PERSONEN

- -

200 g Penne oder andere kurze Nudeln
Salz
1 Bio-Mini-Salatgurke
50 g Rucola
100 g Feta-Käse
150 g geröstete, gehäutete Paprikaschoten
(aus dem Glas)
60 g grüne oder schwarze Oliven
2 TL Honig
2 EL Weißweinessig
2 EL Öl

- -

ZUBEREITUNGSZEIT: 20 MIN.
PRO PERSON: 690 KAL.

1 Penne in reichlich kochendem Salzwasser nach Packungsanweisung bissfest garen.

2 Inzwischen die Gurke heiß waschen, trocken reiben und in Scheiben schneiden. Rucola putzen, waschen und trocken schleudern. Die Blätter nach Belieben klein zupfen. Den Feta fein würfeln. Paprika in mundgerechte Stücke schneiden.

3 Penne in ein Sieb abgießen, kalt abschrecken und abtropfen lassen. Penne mit Gurke, Feta, Rucola, Paprika und Oliven in einer Schüssel mischen.

4 Honig, Essig und Öl verrühren und unter den Salat mischen. Den Salat mit Salz und Pfeffer abschmecken und kurz durchziehen lassen.

PASST GUT DAZU:
Tomaten-Crostini (Seite 16) oder Avocado-Baguette (Seite 17).

4 × SCHNELLE CREMESÜPPCHEN ...

KÜRBISSUPPE

Für 2 Personen

400 g **Hokkaidokürbis** entkernen, waschen, putzen und grob klein schneiden. 1 EL **Butter** in einem Topf erhitzen und den Kürbis darin mit 1 TL **Zucker** andünsten. 200 ml **Gemüsebrühe** und 400 ml **Kokosmilch** dazugießen, je 1 TL **Ingwer-** und **Currypulver** hinzufügen, aufkochen und ca. 10 Min. bei schwacher Hitze köcheln lassen. Suppe mit dem Pürierstab fein pürieren und mit **Salz** und etwas **Zitronensaft** abschmecken. Auf Suppenschalen verteilen und nach Belieben mit geschlagener **Sahne** oder **Milchschaum** servieren. Außerhalb der Kürbissaison die Suppe mal mit geschälten und klein geschnittenen Möhren zubereiten.

MAISCREME MIT DILL–ÖL

Für 2 Personen

1 EL **TK-Dill** mit 2 EL **Öl** verrühren und beiseitestellen. 1 **Schalotte** und 1 **Knoblauchzehe** schälen und fein würfeln (oder ersatzweise statt der Schalotte 1 EL TK-Zwiebeln verwenden). 1 kleine Dose **Mais** (140 g Abtropfgewicht) in ein Sieb abgießen, abtropfen lassen und mit 100 g **TK-Suppengrün**, Schalotten- oder Zwiebelwürfeln und Knoblauch in 1 EL **Butter** andünsten. 300 ml **Gemüsebrühe** dazugießen, aufkochen und bei schwacher Hitze ca. 8 Min. köcheln lassen. 100 g **Crème fraîche** unterrühren und die Suppe mit dem Pürierstab fein pürieren. Mit **Salz**, **Pfeffer** und **Zitronensaft** abschmecken. Auf Suppenschalen verteilen und mit dem Dill-Öl servieren.

... als samtiger Wärmespender an kalten Tagen oder als perfekter Auftakt für ein Ratz-Fatz-Menü.

KARTOFFELSUPPE

Für 2 Personen

350 g vorwiegend festkochende **Kartoffeln** schälen und grob würfeln. Mit 50 g **TK-Suppengrün** und 300 ml **Gemüsebrühe** in einem Topf aufkochen und bei schwacher Hitze 15 Min. köcheln lassen. Inzwischen 2 Scheiben **Toast** würfeln. 1 EL **Butter** in einer Pfanne erhitzen und die Toastwürfel darin bei schwacher Hitze rundherum goldbraun rösten. 1 Bund **Schnittlauch** waschen, trocken tupfen und mit der Schere in Röllchen schneiden. 100 g **Sahne** und 1 EL **Weißweinessig** zur Suppe geben und mit dem Pürierstab fein pürieren. Mit **Salz** und **Pfeffer** abschmecken. Auf Suppenschalen verteilen und mit Croûtons und Schnittlauch garniert servieren.

ROTE-BETE-CREME

Für 2 Personen

1 **Schalotte** schälen und würfeln (oder ersatzweise 1 EL TK-Zwiebeln verwenden). 250 g vorgekochte **Rote Beten** (vakuumverpackt) kurz abtropfen lassen und klein schneiden. 1 EL **Butter** in einem Topf erhitzen. Schalotten- oder Zwiebelwürfel und Rote Beten darin andünsten. 350 ml **Gemüsebrühe** dazugießen, aufkochen und bei schwacher Hitze ca. 8 Min. köcheln lassen. 50 g **Crème fraîche** und 3 geh. TL **Meerrettich** (aus dem Glas) verrühren, die Hälfte davon zur Suppe geben. Die Suppe fein pürieren und mit **Salz**, **Pfeffer** und 1 Schuss **Weißweinessig** abschmecken. Auf Suppenschalen verteilen und mit der übrigen Meerrettichcreme garnieren. **Kresse** von ½ Beet mit einer Schere abschneiden und darüberstreuen.

HAUSMANNSKOST

Futtern wie bei Muttern

DIE SCHNELLEN 4 FÜR DIE HAUSMANNSKOST

LAUCH

- ->

Erst schneiden, dann waschen – so ist Lauch blitzschnell küchenfertig | einfach welke Teile und Wurzeln kappen, die Stange in Ringe schneiden, dann in einem Sieb waschen und abtropfen lassen | ob gebraten, gedünstet oder gekocht – gar ist das Zwiebelgewächs in wenigen Minuten | beste **Basis für Hausmannskost**, z. B. als Sauerkraut-Lauch-Gemüse (Seite 45) | **ganz edel** in Begleitung von Birnen und Ziegenfrischkäse als leckere Lauch-Birnen-Tarte (Seite 48) | **würzige Ergänzung** für Kürbissuppe (Seite 30) oder Kartoffelsuppe (Seite 31): dafür ½ Stange putzen, klein schneiden, waschen und 6–8 Minuten mitgaren.

KARTOFFELN

<- -

Der Trick für Faule: große Kartoffeln kaufen! | so braucht man für 2 Personen nur 1 oder 2 Exemplare, die – wenn nötig – blitzschnell geschält sind | klein geschnitten werden sie in wenig mehr als 10 Minuten gar | als Salz- oder Bratkartoffel, Kartoffel-Käse-Püree (Seite 44) oder Zucchinipuffer (Seite 42) **Allroundbeilage zu Gemüse** | manchmal **auch selbst der Star**, z. B. in der Kartoffelsuppe (Seite 31) | ein Fall für faule, aber geduldige Köche sind Folienkartoffeln mit herzhafter Füllung (Seite 52–53) – im Ofen brauchen die großen Kartoffeln zwar schon mal 1 ½ Stunden, dabei aber keinerlei Aufsicht.

FRISCHE SPÄTZLE

Beste Alternative zu handgeschabten, schwäbischen Eiernudeln | kommen frische Spätzle in die Pfanne, braucht man sie vorher nicht mehr kochen | für andere Zubereitungen reicht kurzes Einweichen in heißem Wasser | bestens geeignet für Käsespätzle mit Spinat (Seite 36) oder Spätzlepfanne mit Rosenkohl (Seite 46) | fein auch mit Champignon-Mascarpone-Sauce oder Tomaten-Orangen-Sauce (beide Seite 68) | **für Crossover-Köche**: bei der Tofu-Spitzkohl-Pfanne (Seite 89) statt Woknudeln 250 g frische Spätzle verwenden und mit Spitzkohl, Pilzen und Tofu in 2 EL Öl anbraten, Zucker dazugeben, Wasser weglassen.

VORGEKOCHTES SAUERKRAUT

Lieblingsessen von uns „Krauts" | **ist in der vorgekochten Version in 3 Minuten gar** | neben seinem unwiderstehlichen Geschmack besticht der milchsauer vergorene Weißkohl durch einen hohen Vitamingehalt und seine verdauungsfördernde Wirkung | schmeckt gut als **würziger Auflauf** mit Räuchertofu (Seite 40) oder **Sauerkraut-Lauch-Gemüse** (Seite 45) | noch einfacher: Sauerkraut erhitzen und als **schnelle Beilage** zu Zucchinipuffern (Seite 42), Kartoffel-Käse-Püree (Seite 44), Spätzle oder Salzkartoffeln servieren.

KÄSESPÄTZLE MIT SPINAT

Schwäbischer Klassiker auf Speed

FÜR 2 PERSONEN

- **1 Zwiebel**
- **2 Knoblauchzehen**
- **1 EL Öl**
- **300 g junger Blattspinat** (küchenfertig; ersatzweise aufgetauter TK-Spinat)
- **50 g Crème fraîche**
- **Salz | Pfeffer**
- **400 g frische Spätzle** (aus dem Kühlregal)
- **250 g geriebener Pizzakäse**
- **1 Bund Schnittlauch**

ZUBEREITUNGSZEIT: 15 MIN. + 12 MIN. GAREN
PRO PERSON: 990 KAL.

1 Den Backofen auf 200° (Umluft 180°) vorheizen und dabei eine Auflaufform (ca. 20 x 30 cm) hineinstellen.

2 Die Zwiebel und den Knoblauch schälen und klein schneiden. Öl in einer Pfanne erhitzen und die Zwiebel darin anbraten. Spinat und Knoblauch hinzufügen und den Spinat unter Rühren zusammenfallen lassen. Alles mit der Crème fraîche verrühren und mit Salz und Pfeffer würzen.

3 Die Spätzle mit kochendem Wasser übergießen und 1–2 Min. darin ziehen lassen. In ein Sieb abgießen und abtropfen lassen.

4 Die Auflaufform mit Topflappen aus dem Ofen nehmen. Die Temperatur auf 50° herunterschalten. Spätzle, Käse und Spinat abwechselnd übereinander in die Form schichten. Spätzle mit Spinat wieder in den Backofen stellen und dort ca. 12 Min. ziehen lassen.

5 Schnittlauch waschen, trocken tupfen und mit der Schere in Röllchen schneiden. Käsespätzle mit grob gemahlenem Pfeffer würzen und mit Schnittlauchröllchen bestreut servieren.

PASST GUT DAZU:
Blattsalat mit Balsamico-Dressing oder Tomatensalat (Seite 24).

GEMÜSEEINTOPF MIT CROÛTONS

Schnell, würzig und einfach lecker

FÜR 2 PERSONEN

- 200 g festkochende Kartoffeln
- 1 Zwiebel
- 1 EL Öl
- 500 ml Gemüsebrühe
- 300 g TK-Suppengemüse
- 2 Scheiben Roggenbrot
- 2 EL Butter
- 1 Knoblauchzehe
- 1 EL TK-Petersilie
- Salz | Pfeffer

ZUBEREITUNGSZEIT: 25 MIN.
PRO PERSON: 330 KAL.

1 Die Kartoffeln schälen und in mundgerechte Stücke schneiden. Die Zwiebel schälen und fein würfeln.

2 Das Öl in einem Topf erhitzen und die Zwiebelwürfel darin andünsten. Kartoffeln dazugeben und kurz mitdünsten. Die Brühe dazugießen und aufkochen. Alles insgesamt ca. 15 Min. bei schwacher Hitze köcheln lassen, dabei nach 5 Min. das TK-Gemüse dazugeben.

3 Inzwischen das Brot grob würfeln. Die Butter in einer Pfanne erhitzen und das Brot darin bei schwacher Hitze rundherum goldbraun braten. Den Knoblauch schälen, in Streifen schneiden und kurz mitbraten. Croûtons auf Küchenpapier abtropfen lassen.

4 Die Petersilie zum Eintopf geben und alles mit Salz und Pfeffer abschmecken. Die Croûtons auf tiefe Teller verteilen. Die Suppe daraufgeben und sofort servieren.

SAUERKRAUT-AUFLAUF MIT RÄUCHERTOFU

Mit Kartoffeln vom Vortag ruck-zuck fertig

FÜR 2 PERSONEN

- -

150 g Räuchertofu
1 EL Öl
400 g gekochte festkochende Pell-
kartoffeln (vom Vortag)
1 Dose 3-Minuten-Sauerkraut (400 g Inhalt)
2 TL Zucker
50 g Sahne
Pfeffer | Salz
100 g milder Blauschimmelkäse oder
Bergkäse
2 EL Butter
Fett für die Formen

ZUBEREITUNGSZEIT: 15 MIN. +
18 MIN. BACKEN
PRO PERSON: 670 KAL.

1 Den Backofen auf 200° (Umluft 180°) vorheizen. Zwei Portionsformen (ca. 14 cm Ø) einfetten. Den Räuchertofu klein würfeln. Öl in einer Pfanne erhitzen, den Tofu darin rundherum anbraten. Kartoffeln pellen und in Scheiben schneiden.

2 Tofu, Kartoffeln und Sauerkraut mit Zucker und Sahne mischen. Die Mischung mit Pfeffer und etwas Salz würzen und auf die Portionsformen verteilen. Im heißen Backofen (Mitte) ca. 10 Min. backen.

3 Dann den Käse in Stücke schneiden, auf der Sauerkraut-Mischung verteilen und leicht andrücken. Die Butter in Flöckchen darauf verteilen. Alles weitere 6–8 Min. backen. Aus dem Ofen nehmen, leicht abkühlen lassen und in den Auflaufformen servieren.

TIPP:

Der Auflauf lässt sich auch in einer großen Form gut zubereiten. Dann einfach die Backzeit um ca. 5 Min. verlängern.

4 x SCHNELLE BRATLINGE ...

QUARKPFLÄNZCHEN

Für 2 Personen

In einer Schüssel 250 g **Magerquark** mit
50 g **Weichweizengrieß**, 2 EL **TK-Schnittlauch**,
1 **Ei**, 50 g **geriebenem Käse** (z. B. Emmentaler
oder Bergkäse), 1 TL **Senf** und ½ TL **Currypulver**
mischen. 1 **Knoblauchzehe** schälen und dazupressen. Die Masse mit **Salz** und **Pfeffer** abschmecken und 15 Min. quellen lassen. In einer
Pfanne ausreichend **Öl** erhitzen. Pro Pflänzchen
2–3 EL Quarkmasse in die Pfanne setzen. In zwei
Portionen acht Quarkpflänzchen bei mittlerer
Hitze in 2–3 Min. pro Seite goldbraun braten. Auf
Küchenpapier abtropfen lassen und servieren.

PASST GUT DAZU:
Möhren-Tomaten-Gemüse (Seite 45).

ZUCCHINIPUFFER

Für 2 Personen

1 kleinen **Zucchino** (150 g) waschen und putzen.
1 **Zwiebel** und 250 g festkochende **Kartoffeln**
schälen. Alles mit der Gemüsereibe raspeln und
2–3 Min. stehen lassen. Flüssigkeit, die sich
dabei bildet, abgießen. Dann 2 **Eier** (Größe M),
2 EL **Mehl** und 60 g **Haselnussblättchen** untermischen. Die Masse mit **Salz** und **Pfeffer** würzen
und acht flache Puffer daraus formen. Puffer in
zwei Portionen in ausreichend **Öl** bei mittlerer
Hitze in ca. 4 Min. pro Seite goldbraun braten.
Auf Küchenpapier abtropfen lassen und servieren.

PASST GUT DAZU:
Sauerkraut-Lauch-Gemüse (Seite 45),
Möhren-Tomaten-Gemüse (Seite 45) oder
Avocado-Kichererbsen-Dip (Seite 52).

..., die als knusprige Sättigungsbeilage schmecken und mit Gemüse, Salat oder Dip auch als Hauptgericht durchgehen.

HAFER–MAIS–TALER

Für 2 Personen

LINSENBRATLINGE

Für 2 Personen

1 **Bio-Zitrone** heiß waschen, trocken reiben, die Schale abreiben und den Saft auspressen. 1 kleine Dose **Tellerlinsen** (400 g Inhalt) in eine Schüssel geben, Zitronenschale, 1 EL Zitronensaft und ½ TL **Currypulver** unterrühren. 1 **Knoblauchzehe** schälen und dazupressen. Alles gut verrühren. 50 g **TK-Suppengrün** und 100 g **Instant-Kartoffelknödel-Pulver** untermischen und mit **Salz** und **Pfeffer** würzen. Die Bratlingmasse 6–8 Min. durchziehen lassen. Dann acht flache Bratlinge daraus formen und in zwei Portionen in ausreichend **Öl** bei mittlerer Hitze in 3–4 Min. pro Seite goldbraun braten. Auf Küchenpapier abtropfen lassen und servieren.

PASST GUT DAZU:
Knoblauchdip und Krautsalat (Seite 53).

70 g kernige **Haferflocken** 3 Min. in 200 ml heißer **Gemüsebrühe** einweichen. In ein Sieb abgießen, abtropfen lassen und gut ausdrücken. 1 Dose **Mais** (140 g Abtropfgewicht) in ein Sieb abgießen und abtropfen lassen. 1 **Frühlingszwiebel** putzen, waschen und in Ringe schneiden. Mit den Haferflocken und dem Mais in eine Schüssel geben. 1 **Knoblauchzehe** schälen und dazupressen. 3 EL **Weichweizengrieß**, 1 **Ei** (Größe M) und 1 TL **Paprikapulver** untermischen, alles mit **Salz** und **Pfeffer** würzen. 20 g **Cornflakes** zerbröseln und untermischen. Aus der Masse acht flache Bratlinge formen und in zwei Portionen in ausreichend **Öl** bei mittlerer Hitze in 3–4 Min. pro Seite goldbraun braten. Auf Küchenpapier abtropfen lassen und servieren.

PASST GUT DAZU:
scharfe Tomatensauce (Seite 102).

4 x SCHNELLES PÜREE & GEMÜSE ...

KARTOFFEL-KÄSE-PÜREE

Für 2 Personen

400 g vorwiegend festkochende **Kartoffeln** schälen, klein schneiden und in Salzwasser in ca. 15 Min. gar kochen. Inzwischen 1 große **Zwiebel** schälen, halbieren und in kurze, schmale Streifen schneiden. 250 ml **Öl zum Frittieren** in einem Topf erhitzen. 2 EL **Mehl** in ein Schälchen geben. Zwiebelstreifen darin wenden, im Fett portionsweise knusprig braun ausbacken. Herausnehmen und auf Küchenpapier abtropfen lassen. Kartoffeln abgießen, abtropfen und etwas ausdampfen lassen. Mit dem Kartoffelstampfer zerstampfen, dabei 100 ml heiße **Milch** dazulaufen lassen. 50 g geriebenen **Käse** (z. B. Emmentaler), 2 EL **Butter** und die Zwiebeln unterrühren. Püree mit **Salz, Pfeffer** und **Muskatnuss** abschmecken.

PASST GUT DAZU:
Sauerkraut-Lauch-Gemüse (Seite 45).

SELLERIE-ERBSEN-PÜREE

Für 2 Personen

1 Stück **Knollensellerie** (ca. 250 g) und 1 **Schalotte** schälen und würfeln (oder ersatzweise 1 EL TK-Zwiebeln verwenden). 1 **Knoblauchzehe** schälen und halbieren. Alles mit 350 ml **Milch** in einem Topf erhitzen und bei schwacher Hitze 20 Min. köcheln lassen, dabei nach 8 Min. 100 g **TK-Erbsen** dazugeben. Nach der Garzeit die Flüssigkeit abgießen und dabei auffangen. 1 EL **Olivenöl** zum Gemüse geben. Das Gemüse mit dem Pürierstab fein pürieren, dabei soviel Garflüssigkeit hinzufügen, bis die gewünschte Konsistenz erreicht ist. Das Püree mit **Salz, Pfeffer** und etwas **Zitronensaft** abschmecken.

PASST GUT DAZU:
Möhren-Tomaten-Gemüse (Seite 45).

... für jeden Geschmack – von klassisch bis ungewöhnlich und von deftig bis raffiniert. Einfach gut!

MÖHREN-TOMATEN-GEMÜSE

- -

Für 2 Personen

1 **Frühlingszwiebel** putzen, waschen und in Ringe schneiden. 3 größere **Möhren** (ca. 300 g) mit dem Sparschäler schälen und schräg in Scheiben schneiden. 200 g **Kirschtomaten** waschen und halbieren. Möhren in einer Pfanne in 2 EL **Olivenöl** 7–8 Min. anbraten, dabei nach der Hälfte der Zeit die Tomaten, 2 EL **Pinienkerne** und 1–2 TL **Honig** hinzufügen. Kurz vor Ende der Garzeit die Frühlingszwiebel dazugeben und mit 1 EL **Aceto balsamico bianco** ablöschen. Das Gemüse mit etwas gemahlenem **Koriander** und **Pul biber** (türk. Paprikaplättchen, ersatzweise Cayennepfeffer) würzen und mit **Salz** und **Pfeffer** abschmecken.

PASST GUT DAZU:
Safran-Polenta (Seite 72).

SAUERKRAUT-LAUCH-GEMÜSE

- -

Für 2 Personen

1 Stange **Lauch** putzen, in Ringe schneiden, waschen und abtropfen lassen. 1 **Apfel** waschen, vierteln und das Kerngehäuse entfernen. Viertel in Scheiben schneiden. Lauch in 1 EL **Butter** 2 Min. andünsten. Apfel, 1 TL **Zucker** und 1 zerdrückte **Wacholderbeere** dazugeben und alles weitere 2 Min. dünsten. 1 Dose **3-Min.-Sauerkraut** (400 g Inhalt) und 100 ml **Apfelsaft** dazugeben, erhitzen und alles noch mal 2 Min. köcheln lassen. 50 g **Sahne** unterrühren. Gemüse mit **Salz** und **Pfeffer** abschmecken.

PASST GUT DAZU:
Kartoffelpüree, Blech- oder Salzkartoffeln.

SPÄTZLEPFANNE MIT ROSENKOHL

Deftiges aus dem Ländle

FÜR 2 PERSONEN

- 200 g TK-Rosenkohl
- Salz
- 200 g Champignons
- 1 Zwiebel
- 1 Knoblauchzehe
- 1 EL Butter
- 1 EL Öl
- 400 g frische Spätzle (aus dem Kühlregal)
- ½ TL Kümmelsamen
- 50 ml trockener Weißwein
- 1 TL gekörnte Gemüsebrühe
- 50 g Sahne
- Pfeffer

ZUBEREITUNGSZEIT: 25 MIN.
PRO PERSON: 560 KAL.

1 Den Rosenkohl in kochendem Salzwasser ca. 10 Min. garen. Inzwischen die Pilze putzen und halbieren oder in Scheiben schneiden. Zwiebel und Knoblauch schälen und fein würfeln. Den Rosenkohl in ein Sieb abgießen und kalt abschrecken.

2 Butter und Öl in einer großen Pfanne erhitzen. Zwiebeln, Spätzle und Pilze darin unter Rühren ca. 5 Min. anbraten. Rosenkohl, Knoblauch und Kümmel hinzufügen und weitere 5 Min. braten.

3 Wein und Brühe verrühren und mit der Sahne dazugeben. Alles noch 2–3 Min. köcheln lassen. Mit Salz und Pfeffer würzen. Auf Teller verteilen und servieren. Wer mag, lässt noch in der Pfanne 100 g in Scheiben geschnittenen Camembert oder Brie auf den Spätzle schmelzen.

PASST GUT DAZU:
davor Rote-Bete-Salat (Seite 25).

LAUCH-BIRNEN-TARTE

Herzhafter Kuchen mit französischer Note

FÜR 1 TARTE- ODER SPRINGFORM
(28 CM Ø)

- -

1 Stange Lauch (ca. 300 g)
1 Birne
1 EL Öl
Salz | Pfeffer
gemahlener Kümmel (nach Belieben)
150 g Ziegenfrischkäse
70 g Sahne
2 Eier (Größe M)
2 TL körniger Senf
275 g frischer Blätterteig (aus dem
Kühlregal)
Fett für die Form

- -

ZUBEREITUNGSZEIT: 20 MIN. +
25 MIN. BACKEN
BEI 4 PERSONEN PRO PERSON:
510 KAL.

1 Den Backofen auf 200° vorheizen. Lauch put-zen, in Ringe schneiden, waschen und abtropfen lassen. Die Birne halbieren, das Kerngehäuse entfernen, schälen und die Hälften würfeln.

2 Öl in einer Pfanne erhitzen und den Lauch darin 2 Min. andünsten. Die Birne dazugeben und weitere 2 Min. dünsten. Mit Salz, Pfeffer und nach Belieben etwas Kümmel würzen.

3 Für den Guss Ziegenkäse, Sahne, Eier und Senf mit dem Pürierstab glatt rühren. Mit Salz und Pfeffer würzen.

4 Eine Tarteform oder Springform einfetten und mit dem Blätterteig auslegen, dabei einen 2 cm hohen Rand formen. Zunächst die Lauch-Birnen-Mischung und dann den Guss gleichmä-ßig auf dem Teig verteilen.

5 Die Tarte im heißen Backofen (Mitte; Umluft 180°) 22–25 Min. backen. Leicht abkühlen las-sen und servieren. Die Tarte schmeckt auch kalt hervorragend.

PASST GUT DAZU:
Feldsalat, Rucola oder grüner Salat.

WEIZEN–GEMÜSE–PFANNE

Ganz fix aus dem Vorrat

FÜR 2 PERSONEN

125 g vorgegarter, geschälter Hartweizen (z. B. Ebly)
Salz
300 g TK-Buttergemüse
2 Frühlingszwiebeln
4 in Öl eingelegte, getrocknete Tomaten
80 g mittelalter Gouda (am Stück)
1 EL Aceto balsamico bianco
1 Schuss trockener Weißwein (nach Belieben)
1 EL TK-Petersilie
1 EL Butter
Pfeffer

ZUBEREITUNGSZEIT: 20 MIN.
PRO PERSON: 580 KAL.

1 Den Weizen in reichlich kochendem Salzwasser nach Packungsanweisung in ca. 10 Min. bissfest garen. Das TK-Gemüse mit 50 ml Wasser in eine Pfanne geben, erhitzen und bei mittlerer Hitze ca. 8 Min. offen garen.

2 Inzwischen die Frühlingszwiebeln putzen, waschen und in Ringe schneiden. Die getrockneten Tomaten abtropfen lassen und würfeln. Den Gouda entrinden und ebenfalls würfeln. Den Weizen in ein Sieb abgießen und abtropfen lassen. Frühlingszwiebeln dazugeben.

3 Das Gemüse mit Essig und nach Belieben mit Wein ablöschen und kurz verkochen lassen. Tomaten, Weizenmischung, Petersilie und Butter hinzufügen und alles noch 2 Min. rühren.

4 Die Gemüsepfanne mit Salz und Pfeffer abschmecken, die Käsewürfel untermischen. Auf zwei Teller verteilen und servieren.

PASST GUT DAZU:
Knoblauchdip ohne Krautsalat (Seite 53) oder Pesto diavolo (Seite 69).

4 x SCHNELLE FÜLLUNG FÜR OFENKARTOFFELN ...

GRÜNE SAUCE

Für 2 Personen

2 **Eier** in ca. 10 Min. hart kochen, abgießen und
in kaltem Wasser abkühlen lassen. Die Eier pellen und halbieren. Die Eigelbe herauslösen, die
Eiweiße fein hacken. Die Eigelbe mit einer Gabel
in einer Schüssel fein zerdrücken und mit
150 g **Speisequark** (20 %), 200 g **saurer
Sahne**, 1 TL **Senf** und 1 Packung **TK-Kräuter-
mischung „8-Kräuter"** verrühren. Die Eiweiße
untermischen. Die Sauce mit **Salz, Pfeffer** und
etwas **Zitronensaft** abschmecken und in die
Kartoffeln füllen. **Kresse** von 1 Beet mit einer
Schere abschneiden und darüberstreuen.

AUCH GUT DAZU:
statt Ofenkartoffeln klassisch Pellkartoffeln.

AVOCADO-KICHER-ERBSEN-DIP

Für 2 Personen

100 g **Kichererbsen** (aus der Dose) in einem
Sieb kalt abspülen und abtropfen lassen. 1 reife
Avocado halbieren, entkernen, schälen, das
Fruchtfleisch mit 2 EL **Zitronensaft** mischen und
mit einer Gabel zerdrücken. 1 **Knoblauchzehe**
schälen und dazupressen. Kichererbsen und
2 TL **TK-Petersilie** unterrühren und mit **Salz,
Pfeffer,** etwas gemahlenem **Kreuzkümmel** und
Zitronensaft abschmecken. Den Dip 10 Min.
durchziehen lassen, dann in die Kartoffeln füllen
und servieren.

AUCH GUT DAZU:
statt Ofenkartoffeln türkisches Fladenbrot.

... reicht jeweils für 2 große mehligkochende Exemplare (je 350 g). Backofen auf 220° vorheizen. Kartoffeln sauber schrubben, trocken tupfen und mehrfach einstechen. In Folie wickeln und im heißen Ofen (Mitte, Umluft 200°) 1½ Std. garen. Päckchen öffnen, Kartoffeln einschneiden, aufklappen und füllen.

SPINAT-KÄSE-DIP

Für 2 Personen

1 rote **Paprikaschote** halbieren, entkernen, waschen und würfeln. 1 EL **Öl** in einer Pfanne erhitzen und die Paprikawürfel darin 3–4 Min. anbraten. 1 **Knoblauchzehe** schälen und dazupressen, 250 g jungen **Blattspinat** (küchenfertig) dazugeben und unter Rühren zusammenfallen lassen. Alles mit gemahlenem **Koriander, Salz, Pfeffer** und etwas **Zitronensaft** würzen. 50 g **Blauschimmelkäse** (ersatzweise Feta-Käse oder Ziegenkäserolle) würfeln und unter den Spinat mischen. Spinat-Käse-Dip in die Kartoffeln füllen und servieren.

KNOBLAUCHDIP & KRAUTSALAT

Für 2 Personen

250 g **Spitzkohl** putzen, waschen, den Strunk entfernen und die Blätter in feine Streifen schneiden. Mit 2 EL **Weißweinessig**, 2 EL **Öl**, 1 TL **Zucker** und ½ TL **Kümmelsamen** (nach Belieben) verrühren. Mit **Salz** und **Pfeffer** kräftig abschmecken und etwas durchziehen lassen. Für den Knoblauchdip 200 g **Speisequark** (20 %) mit 50 g **Salatmayonnaise**, 2 EL **Olivenöl** und 1 EL **Weißweinessig** verrühren. 2 **Knoblauchzehen** schälen und dazupressen. Mit **Salz** und **Pfeffer** abschmecken und ca. 5 Min. ziehen lassen. 6 schwarze **Oliven** (ohne Stein) in Ringe schneiden. Zunächst etwas Dip, dann Salat und dann den restlichen Dip in die Kartoffeln füllen und mit den Olivenringen garnieren.

ITALIENISCHES

Avanti, avanti! Ran an die Töpfe …

DIE SCHNELLEN 4 FÜR ITALIENISCHES KOCHVERGNÜGEN

PASTA

Die Stars der schnellen Küche | frische Pasta aus dem Kühlregal wird pronto al dente | getrocknete Nudeln aus dem Vorrat haben eine etwas längere Garzeit – manchmal praktisch, wenn man inzwischen Gemüse schnibbeln oder eine Sauce vorbereiten will | **schmecken kalt** als bunter Nudelsalat (Seite 28) oder **heiß serviert** mit Nussbutter, Gemüse (Seite 64–65) oder aromatischen Saucen (Seite 68–69) | gefüllte Nudeln sind im Gratin (Seite 66) oder Eintopf (Seite 70) unschlagbar | **international im Einsatz:** Pasta aus Hartweizengrieß kann in asiatischen Rezepten auch mal Reisnudeln ersetzen (z. B. bei den Asia-Spaghetti, Seite 84) | alle Pastasorten können untereinander ausgetauscht werden.

TOMATEN

Für den faulen Genuss alla italiana | in vielen, praktischen Versionen erhältlich: Besonders „pflegeleicht" sind Kirschtomaten | außerhalb der Sommersaison sind Konserven oder getrocknete Tomaten in Öl die bessere, weil fruchtigere und noch bequemere Variante | machen Saucen herrlich fruchtig (Seite 68–69; Seite 102) | spielen roh im Salat (Seite 24) und gegart im Möhren-Tomaten- (Seite 45), Tomaten-Lauch- (Seite 72) und Ratatouille-Gemüse (Seite 109) eine Hauptrolle | mögen auch einen Ausflug nach Asien (Seite 88 und 91) | **toll fürs Büfett:** 8 Tomaten waschen, einen Deckel abschneiden, Tomaten entkernen, mit Gurkencocktail (Seite 24) oder Couscoussalat (Seite 26) füllen.

INSTANT-POLENTA

Superschneller „Lecker-Schmecker" | der vor-
gekochte und wieder getrocknete Maisgrieß
ist im Gegensatz zur klassischen Polenta in
wenigen Minuten gar | ideal für den Vorrat |
lässt sich abwechslungsreich zubereiten:
fein gewürzt als Safran-Polenta mit Tomaten-
Lauch-Gemüse (Seite 72), aus dem Ofen als gratinierte Polenta (Seite 74), gegrillt als Polenta-
schnitten mit Pilzen (Seite 106) | **auch lecker:**
Polentaschnitten in der Pfanne braten und statt
Gnocchi mit Rucolabutter servieren (Seite 62).

FERTIG-PIZZATEIG

**Ideal für die schnelle Alltagsküche | die Fer-
tigvariante aus dem Kühlregal gibt's mittler-
weile sogar als Bioversion |** Teig mit dem
Papier auf einem Blech ausbreiten, belegen, ab
in den Ofen und entspannt abwarten, bis der
Teig knusprig braun ist | **schnelle Basis** für Pizza
vegetale (Seite 60) | als würzig gefüllte Teig-
schnecken (Seite 112–113) **tolle Beilage** zum
Grillen und schicke Ergänzung für Büfetts | **schön
als schnelle Focaccia:** Teig mit Olivenöl bestreichen, mit frischen Rosmarinnadeln und grobem
Meersalz bestreuen und im heißen Backofen bei
220° (Mitte, Umluft 200°) goldbraun backen.

RISOTTO MIT ZUCCHINI UND WALNÜSSEN

Aromatisch mit Biss

FÜR 2 PERSONEN

----

1 rote Zwiebel
1 Knoblauchzehe
1 Zucchino (ca. 250 g)
600 ml Gemüsebrühe
2 ½ EL Butter
250 g vorgegarter Risottoreis (mit Safran;
ersatzweise Minuten-Milchreis)
50 ml trockener Weißwein (nach Belieben)
2 Frühlingszwiebeln
1 kleine Handvoll Walnusskerne
40 g frisch geriebener ital. Hartkäse
Salz | Pfeffer

ZUBEREITUNGSZEIT: 20 MIN.
PRO PERSON: 570 KAL.

1 Die Zwiebel und den Knoblauch schälen und fein würfeln. Den Zucchino waschen, putzen und grob würfeln. Die Brühe erhitzen.

2 Butter in einem Topf erhitzen und die Zwiebel darin glasig dünsten. Zucchiniwürfel, Knoblauch und Reis hinzufügen und 2 Min. mitdünsten.

3 Alles nach Belieben mit dem Wein ablöschen. Wein kurz verköcheln lassen und die Brühe angießen. Reis unter gelegentlichem Rühren nach Packungsanweisung ca. 12 Min. bei schwacher Hitze köcheln lassen.

4 Inzwischen die Frühlingszwiebeln putzen, waschen und in Ringe schneiden. Die Walnüsse grob zerbröckeln.

5 Kurz vor Ende der Garzeit Käse, Zwiebeln und Walnüsse unterrühren. Risotto noch kurz ziehen lassen. Mit Salz und Pfeffer abschmecken und auf zwei Teller verteilt servieren.

PIZZA VEGETALE

Schneller als der Pizza-Flitzer

FÜR 1 BACKBLECH

250 g Tomatenpüree

1 EL Tomatenmark

2 TL Zucker

3 EL Olivenöl

je 1 TL getrockneter Rosmarin und Oregano

2 EL TK-Zwiebeln

2 Knoblauchzehen

Salz | Pfeffer

1 Packung Fertig-Pizzateig (400 g; aus dem Kühlregal)

1 kleiner Zucchino

200 g Ziegengouda (in Scheiben)

150 g marinierte Auberginenscheiben (Fertigprodukt)

50 g schwarze Oliven (ohne Stein)

1 Handvoll Basilikumblättchen

ZUBEREITUNGSZEIT: 10 MIN. + 20 MIN. BACKEN
BEI 4 PERSONEN PRO PERSON: 585 KAL.

1 Den Backofen auf 250° vorheizen. Für die Sauce Tomatenpüree, Tomatenmark, Zucker, Öl, Kräuter und Zwiebeln verrühren. Den Knoblauch schälen und dazupressen. Sauce mit Salz und Pfeffer abschmecken.

2 Den Teig mit dem Papier auf einem Backblech ausbreiten. Die Sauce auf dem Teig verteilen.

3 Zucchino waschen, putzen und in Scheiben schneiden. Käsescheiben vierteln. Die Pizza zunächst mit Ziegengouda, dann mit Zucchini- und Auberginenscheiben sowie Oliven belegen.

4 Die Pizza im heißen Backofen (Mitte, Umluft 220°) je nach Packungsanleitung in 15–20 Min. knusprig backen. Basilikum nach Belieben grob hacken und kurz vor Ende der Backzeit über die Pizza streuen.

PASST GUT DAZU:
Blattsalat mit Balsamico-Dressing.

GNOCCHI MIT RUCOLABUTTER

Schmecken einfach buonissimo!

FÜR 2 PERSONEN

1 Bio-Zitrone
50 g weiche Butter
1 Knoblauchzehe
Salz | Pfeffer
50 g Rucola
1 EL Öl
500 g frische Gnocchi (aus dem Kühlregal)
3 TL eingelegte Kapern
30 g ital. Hartkäse (nach Belieben)

ZUBEREITUNGSZEIT: 20 MIN.
PRO PERSON: 720 KAL.

1 Zitrone heiß waschen, trocken reiben, die Schale abreiben und den Saft auspressen. Die Zitronenschale und 2 EL Saft mit der weichen Butter verrühren. Den Knoblauch schälen und dazupressen. Mit Salz und Pfeffer würzen.

2 Den Rucola putzen, waschen und trocken schleudern. Die Blätter klein schneiden.

3 Öl in einer Pfanne erhitzen und die Gnocchi darin bei mittlerer Hitze 5–7 Min. anbraten, bis sie leicht gebräunt sind.

4 Rucola, Butter und Kapern hinzufügen und den Rucola bei schwacher Hitze etwas zusammenfallen lassen. Mit Salz, Pfeffer und Zitronensaft abschmecken.

5 Gnocchi auf zwei Teller verteilen und nach Belieben noch Hartkäse grob darüberhobeln.

PASST GUT DAZU:
davor Tomate-Mozzarella oder Tomaten-Crostini (Seite 16).

4 x SCHNELLE PASTA...

RAVIOLI MIT NUSSBUTTER

Für 2 Personen

400 g frische **Ravioli** (aus dem Kühlregal; mit Käse- oder Gemüsefüllung) in reichlich kochendem Salzwasser nach Packungsanweisung bissfest garen. In ein Sieb abgießen und abtropfen lassen. In einer Pfanne 60 g **Butter** erhitzen. Gut 3 EL gehackte **Haselnüsse** und 2 EL **Semmelbrösel** darin anbraten. 1 **Knoblauchzehe** schälen und dazupressen. 2 EL gemischte **TK-Kräuter** und 1 Prise **Pul biber** (türk. Paprikaplättchen) dazugeben und kurz mitbraten. Die Ravioli untermischen, mit **Salz** und **Pfeffer** abschmecken und auf Teller verteilen. Mit etwas **Aceto balsamico** beträufeln und nach Belieben noch mit frisch geriebenem **Hartkäse** bestreuen.

PENNE MIT GRÜNEM SPARGEL

Für 2 Personen

250 g **Penne** in reichlich kochendem Salzwasser nach Packungsanweisung bissfest garen. Inzwischen 300 g grünen **Spargel** waschen, die holzigen Enden großzügig abschneiden und die Stangen in mundgerechte Stücke schneiden. In einer Pfanne 1 EL **Öl** erhitzen und den Spargel darin bei mittlerer Hitze rundherum ca. 6 Min. braten, bis er leicht gebräunt ist. Die Penne in ein Sieb abgießen und abtropfen lassen. 150 g **Kirschtomaten** waschen, halbieren und kurz mitbraten, mit 50 ml **Weißwein** oder **Gemüsebrühe** ablöschen und 50 g **Crème fraîche** hinzufügen. Mit **Salz**, **Pfeffer** und **Aceto balsamico bianco** würzen. Die Penne untermischen und auf Teller verteilen. **Kresse** von ½ Beet schneiden und darüberstreuen.

..., die „al dente" gekocht garantiert jeden Liebhaber italienischer Teigwaren glücklich machen wird.

SPAGHETTI MIT ZITRONEN-SPINAT

Für 2 Personen

250 g **Spaghetti** in reichlich kochendem Salzwasser nach Packungsanweisung bissfest garen. Inzwischen 200 g aufgetauten **TK-Blattspinat** mit 100 ml **Gemüsebrühe** erhitzen. 1 **Knoblauchzehe** schälen und dazupressen. 1 **Bio-Zitrone** heiß waschen, trocken reiben, die Schale abreiben und den Saft auspressen. Zitronenschale und 100 g **Ziegenfrischkäse** mit dem Spinat mischen. Mischung mit **Salz, Pfeffer** und Zitronensaft abschmecken. Die Spaghetti in ein Sieb abgießen, abtropfen lassen und mit dem Spinat mischen. Auf Tellern anrichten und noch etwas Pfeffer grob darübermahlen.

TAGLIATELLE CON VERDURE

Für 2 Personen

250 g **Tagliatelle** in reichlich kochendem Salzwasser nach Packungsanweisung bissfest garen. 1 **Zucchino** (ca. 200 g) und 150 g **Kirschtomaten** waschen. Zucchino putzen und würfeln, Tomaten halbieren. 100 g **Champignons** putzen und vierteln. 1 EL **Öl** in einer Pfanne erhitzen und Zucchiniwürfel, Tomaten und Champignons darin mit 1 TL getrocknetem **Thymian** ca. 5 Min. rundherum anbraten. 50 g geröstete, gehäutete **Paprikaschoten** (aus dem Glas) in Stücke schneiden, mit 30 g **Rosinen** zum Gemüse geben und kurz mitbraten. 1–2 **Knoblauchzehen** schälen und dazupressen. 2 TL **Honig** (oder Zucker) und 1 EL **Weißweinessig** unterrühren und kurz weitergaren. Mit **Salz** und **Pfeffer** würzen, mit den Tagliatelle servieren.

TORTELLINIGRATIN

Liebe auf den ersten Biss

FÜR 2 PERSONEN

----

1 Dose stückige Tomaten (400 g Inhalt)

1 EL getrocknete ital. Kräuter

1 EL Honig

1 TL Speisestärke

1 Knoblauchzehe

2 TL eingelegte Kapern

Salz | Pfeffer

400 g frische Tortellini (aus dem Kühlregal, mit Käse- oder Gemüsefüllung)

50 g geriebener Käse (z. B. Emmentaler oder Pizzakäse)

1 Kugel Mozzarella (125 g)

Basilikumblättchen zum Garnieren (nach Belieben)

Fett für die Form

ZUBEREITUNGSZEIT: 10 MIN. + 25 MIN. GAREN

PRO PERSON: 720 KAL.

1 Den Backofen auf 200° vorheizen. Tomaten mit Kräutern, Honig und Stärke verrühren. Knoblauch schälen und dazupressen, die Kapern unterrühren und Sauce mit Salz und Pfeffer abschmecken.

2 Eine Auflaufform (ca. 20 x 20 cm) einfetten. Abwechselnd Tomatensauce, Tortellini und geriebenen Käse einschichten. Den Mozzarella in Scheiben schneiden und darauf verteilen.

3 Alles im Backofen (Mitte, Umluft 180°) 18–20 Min. garen, danach im ausgeschalteten Ofen noch 5 Min. ziehen lassen.

4 Den Auflauf auf Teller verteilen und etwas Pfeffer grob darübermahlen. Nach Belieben mit Basilikum garnieren.

PASST GUT DAZU:

davor gebratener Romanasalat (Seite 22), zum Dessert frisches Obst.

4 x SCHNELLE PASTASAUCEN ...

PILZ-MASCARPONE

Für 2 Personen

250 g **Champignons** putzen und in dünne Scheiben schneiden. 1 EL **Butter** in einer Pfanne erhitzen, 1 **Knoblauchzehe** schälen und dazupressen. Kurz andünsten, dann die Champignons hinzufügen und mitdünsten. Nach Belieben mit 50 ml **Weißwein** ablöschen und kurz köcheln lassen. 50 ml **Gemüsebrühe** (ohne Wein 80 ml) und 10 in Öl eingelegte, getrocknete **Tomaten** (nach Belieben in Streifen geschnitten) dazugeben und etwas mitköcheln lassen. 100 g **Mascarpone** und 1 EL **TK-Petersilie** hinzufügen und glatt rühren. Die Sauce mit **Salz, Pfeffer, Aceto balsamico** und **Zucker** abschmecken und mit frisch gekochter Pasta servieren.

AUCH GUT DAZU:
statt Pasta gebratene Knödelscheiben.

TOMATEN-ORANGEN

Für 2 Personen

1 **Zwiebel** und 2 **Knoblauchzehen** schälen und fein würfeln. 2 EL **Öl** in einem Topf erhitzen und die Zwiebel darin andünsten. Knoblauch, 2 TL **Honig** und 1 TL getrocknete italienische **Kräuter** hinzufügen und kurz mitdünsten. Mit 100 ml **Orangensaft** und nach Belieben 4 cl **Vermouth** (z. B. Martini) ablöschen und kurz köcheln lassen. 1 Dose stückige **Tomaten** (400 g Inhalt) und 2 TL gekörnte **Gemüsebrühe** dazugeben und 6–8 Min. köcheln lassen. Mit **Salz, Pfeffer** und 1 Prise **Cayennepfeffer** abschmecken. Mit frisch gekochter Pasta mischen, auf zwei Teller verteilen und jeweils 1 geh. EL **Frischkäse** oder **Ziegenfrischkäse** darauf anrichten.

AUCH GUT DAZU:
statt Pasta Linsenbratlinge (Seite 43) oder gefüllter Tofu (Seite 104), in der Pfanne zubereitet, und Reis.

..., die müde Nudeln mit frischem Aroma munter machen oder mit sahniger Konsistenz sanft umschmeicheln.

PESTO DIAVOLO

Für 1 Glas (ca. 250 ml Inhalt)

1 **Knoblauchzehe** schälen und grob würfeln.
3 große Handvoll **Basilikumblättchen** mit dem
Knoblauch, ½ TL **Pul biber** (türk. Paprikaplättchen), 40 g **Haselnussblättchen,** 120 ml **Öl** und
1 TL **Honig** mit dem Pürierstab fein pürieren.
50 g frisch geriebenen italienischen **Hartkäse**
unterrühren. Das Pesto mit **Salz, Pfeffer** und
etwas **Zitronensaft** abschmecken. Pesto und
frisch gekochte Pasta mischen, dabei etwas
Nudelkochwasser dazugießen.

TIPP:
Pesto lässt sich in kleinerer Menge nicht mit
dem Pürierstab zubereiten. Mit Öl bedeckt
hält es sich im Kühlschrank 3–4 Tage.

SAFRAN-KICHERERBSEN

Für 2 Personen

130 g **Kichererbsen** (aus der Dose) in einem
Sieb kalt abspülen und abtropfen lassen.
200 g **Kirschtomaten** waschen. 1 **Knoblauchzehe** schälen und halbieren. 1 Döschen **Safranpulver** in 50 ml **Gemüsebrühe** einweichen.
1 EL **Butter** mit 1 TL **Zucker** erhitzen und Kichererbsen, Tomaten und Knoblauch darin anschwit-
zen. 50 ml trockenen **Weißwein** nach Belieben
dazugießen und etwas verkochen lassen. Die
Safranbrühe hinzufügen und bei schwacher
Hitze 5 Min. köcheln lassen. 100–150 g **Sahne**
unterrühren und noch kurz ziehen lassen. Die
Sauce mit **Salz,** etwas **Pfeffer** und ein paar Spritzern **Aceto balsamico bianco** abschmecken.
1 TL **TK-Petersilie** unterrühren. Sauce mit frisch
gekochter Pasta servieren.

AUCH GUT DAZU:
statt Pasta Reis oder Couscous und bissfest
gedämpfter Brokkoli.

TORTELLINI-GEMÜSE-EINTOPF

Gehaltvollere Version von Tortellini in brodo

FÜR 2 PERSONEN

- 30 g gemischte TK-Kräuter
- 50 ml Öl
- 1–2 TL Zitronensaft
- 1 Knoblauchzehe
- Salz | Pfeffer
- 1 gelbe Paprikaschote
- 1 Möhre
- 1 Bund Petersilie
- 150 g Kirschtomaten
- 100 g weiße Bohnen (aus der Dose)
- 1 EL Butter
- 50 ml Vermouth (z. B. Martini; nach Belieben)
- 400 ml Gemüsefond oder -brühe
- 200 g frische Tortellini (z. B. mit Frisch-käsefüllung; aus dem Kühlregal)

ZUBEREITUNGSZEIT: 20 MIN.
PRO PERSON: 580 KAL.

1 Für die Salsa Kräuter, Öl und Zitronensaft verrühren. Knoblauch schälen und dazupressen, die Salsa mit Salz und Pfeffer würzen.

2 Paprika halbieren, entkernen, waschen und in mundgerechte Stücke schneiden. Möhre mit dem Sparschäler schälen und in Scheiben schneiden. Petersilie und Tomaten waschen. Bohnen in einem Sieb kalt abspülen und abtropfen lassen.

3 Butter in einem Topf erhitzen, Paprika und Möhre darin andünsten. Nach Belieben mit dem Vermouth ablöschen und etwas verkochen lassen. Fond oder Brühe, Tomaten und das ganze Bund Petersilie dazugeben. Alles aufkochen und bei schwacher Hitze 4 Min. köcheln lassen.

4 Die Tortellini und Bohnen dazugeben und bei schwacher Hitze ca. 4 Min. ziehen lassen.

5 Petersilie entfernen. Den Eintopf mit Salz und Pfeffer abschmecken. Auf tiefe Teller verteilen und mit der Salsa beträufeln.

PASST GUT DAZU:
Knoblauchbrot; nach Belieben die Salsa durch Pesto diavolo (Seite 69) ersetzen.

SAFRAN-POLENTA MIT TOMATEN-LAUCH-GEMÜSE

Mit dem gewissen Etwas

FÜR 2 PERSONEN

1 Stange Lauch
200 g Kirschtomaten
1 Stange Staudensellerie
2 EL Butter
50 g schwarze Oliven
80 ml Gemüsebrühe
½ EL Aceto balsamico bianco
100 ml Milch
½ Döschen Safranpulver
Salz | Pfeffer
frisch geriebene Muskatnuss
70 g Instant-Polenta
100 g Crème fraîche

ZUBEREITUNGSZEIT: 20 MIN.
PRO PERSON: 605 KAL.

1 Für das Gemüse den Lauch putzen, in Ringe schneiden, waschen und abtropfen lassen. Die Tomaten waschen und halbieren. Sellerie waschen und in Scheiben schneiden.

2 1 EL Butter in einer Pfanne erhitzen. Lauch und Sellerie darin bei mittlerer Hitze 2 Min. andünsten. Tomaten und Oliven hinzufügen und kurz mitdünsten. Brühe und Essig dazugeben und alles ca. 5 Min. weiterdünsten.

3 Inzwischen die Milch mit 200 ml Wasser und dem Safran in einem Topf aufkochen. Mit etwas Salz, Pfeffer und Muskat würzen.

4 Die Polenta einrieseln lassen und ca. 2 Min. rühren, bis die Masse dick und cremig ist. Restliche Butter unterrühren. Die Polenta vom Herd nehmen und zugedeckt beiseitestellen.

5 Crème fraîche unter das Gemüse rühren, mit Salz und Pfeffer abschmecken. Die Polenta auf zwei tiefe Teller verteilen und das Gemüse darauf anrichten.

GRATINIERTE POLENTA

Rustikaler Genuss aus der Lombardei

FÜR 2 PERSONEN

1 EL Butter
Salz
1 Knoblauchzehe
80 g Instant-Polenta
100 g Champignons
1 EL Öl
Pfeffer
100 g TK-Rahmspinatplättchen
30 g Pinienkerne
100 g Blauschimmelkäse

ZUBEREITUNGSZEIT: 12 MIN. +
15 MIN. BACKEN
PRO PERSON: 540 KAL.

1 Den Backofen auf 200° vorheizen. 300 ml Wasser mit der Butter und etwas Salz aufkochen. Den Knoblauch schälen und dazupressen. Die Polenta einrieseln lassen und ca. 2 Min. rühren, bis die Masse dick und cremig ist, dann die Polenta in eine Auflaufform (ca. 20 x 30 cm) füllen und glatt streichen.

2 Die Pilze putzen, in Scheiben schneiden und in einer Pfanne im Öl rundherum anbraten. Pilze mit Salz und Pfeffer würzen.

3 Pilze, die gefrorenen Rahmspinatplättchen und die Pinienkerne auf der Polenta in der Form verteilen. Den Blauschimmelkäse in Stücke schneiden und daraufleggen. Polenta im Backofen (Mitte; Umluft 180°) ca. 15 Min. überbacken.

4 Gratinierte Polenta kurz abkühlen lassen, auf zwei Teller verteilen und servieren.

PASST GUT DAZU:
davor Tomatensalat (Seite 24), dazu Pesto diavolo (Seite 69) zum Nachwürzen.

ASIATISCHES

Köstlich fernöstlich!

DIE SCHNELLEN 4 FÜR DIE ASIAKÜCHE

REISNUDELN

- →

Die Rasanten aus der Asia-Küche | ob feine Vermicelli oder breite Bandnudeln – nach dem Einweichen müssen sie überhaupt nicht mehr oder nur kurz gegart werden | die Dünnen sind bestens geeignet für **Thai-Reisnudelsalat** (Seite 86) | die Breiteren sind die perfekte Einlage für **Vietnam-Nudelsuppe** mit Tofu (Seite 82) | den **Tortellini-Gemüse-Eintopf** (Seite 70) mal **asiatisch abwandeln:** dabei die gefüllten Nudeln durch 100 g gegarte Reisnudeln ersetzen, den Eintopf mit Sojasauce, frisch geriebenem Ingwer und Zitronensaft abschmecken, mit Koriandergrün bestreuen und ohne die Salsa servieren.

TOFU

←- -

Für Veggies ein wichtiger Eiweißspender und gleichzeitig bequem | Tofustücke einfach in Würfel schneiden, kurz köcheln oder anbraten, würzen und fertig | in verschiedenen Varianten erhältlich: weich oder bissfest, pur, geräuchert oder bereits gewürzt | Räuchertofu ist wegen seines herzhaften Aromas der „Speck der Vegetarier" | Bio-Produkte bevorzugen, um Gensoja zu vermeiden | herzhafter Räuchertofu gibt **Sauerkraut-Auflauf** (Seite 40), **Wraps** mit Spinat-Kichererbsen-Füllung (Seite 21), **Couscoussalat** (Seite 26) und **Spitzkohl-Pfanne** (Seite 89) die richtige Würze | milder klassischer Tofu glänzt als Einlage von **Vietnam-Nudelsuppe** (Seite 82) und überrascht als **gefüllter Tofu** (Seite 104) vom Grill | statt Croûtons ist Räuchertofu gewürfelt und angebraten ein tolles **Topping für Kartoffelsuppe** (Seite 31).

SÜSSKARTOFFELN

Sind fix geschält, weil im Durchschnitt deutlich größer als „normale" Kartoffeln | meist reicht schon 1 Exemplar für 2 Personen | die süßlichen Knollen sind klein geschnitten im **Nu gar** | können bei Zimmertemperatur rund 2 Wochen gelagert werden | Süßkartoffeln verleihen **Kokossuppe** (Seite 80) und **Spinat-Curry** (Seite 90) eine leichte Süße | können sehr gut Kartoffeln oder auch mal Kürbis ersetzen, z. B. in **Suppen** (Seite 30–31).

KOKOSMILCH

Gibt asiatischen Spezialitäten ganz fix eine exotische, süßlich-sahnige Note | besonders in der Thaiküche unverzichtbar | verleiht **Kürbissuppe** (Seite 30) feinen Kokosgeschmack | ist die klassische Grundlage für eine südostasiatische **Suppe mit Süßkartoffeln** (Seite 80) | mildert die Schärfe in **Currys** (Seite 90–91) | raffiniert: bei **Panna cotta mit Mango** (Seite 118) die Hälfte der Sahne durch Kokosmilch ersetzen | erfrischender **Kokos-Lassi:** 100 ml Kokosmilch, je 100 g Mangofruchtfleisch und Joghurt sowie 1 TL Honig glatt pürieren und mit etwas Zitronensaft abschmecken.

KOKOSSUPPE MIT SÜSSKARTOFFELN

Vegane Thai-Massage für den Gaumen

FÜR 2 PERSONEN

- 1 kleine Süßkartoffel (ca. 250 g)
- 2 Frühlingszwiebeln
- 100 g kleine Champignons
- 100 g Kirschtomaten
- 350 ml Gemüsebrühe
- 250 ml Kokosmilch
- 1 TL Zitronengraspaste (aus dem Asienregal)
- 1 TL Ingwerpulver
- 1–2 EL Limettensaft
- 1 Prise Pul biber (türk. Paprikaplättchen)
- Salz
- 1 kleine Handvoll Koriandergrün

ZUBEREITUNGSZEIT: 20 MIN.
PRO PERSON: 165 KAL.

1 Süßkartoffel schälen und in mundgerechte Stücke schneiden. Frühlingszwiebeln putzen, waschen und in Ringe schneiden. Pilze putzen und halbieren. Tomaten waschen und ebenfalls halbieren.

2 Die Brühe aufkochen, die Süßkartoffel darin bei schwacher Hitze 5 Min. köcheln lassen. Kokosmilch, Zitronengraspaste, Ingwerpulver, 1 EL Limettensaft, Tomaten, Pilze und Pul biber hinzufügen und Suppe 4–5 Min. weiterköcheln lassen.

3 Frühlingszwiebeln in die Suppe geben und noch kurz darin ziehen lassen.

4 Suppe mit Salz und Limettensaft abschmecken, auf zwei Suppenschalen verteilen und mit den Korianderblättchen bestreut servieren.

PASST GUT DAZU:

danach gefüllter Tofu (Seite 104), in der Pfanne zubereitet, Basmatireis und Erdnusssauce (Seite 88).

VIETNAM-NUDELSUPPE MIT TOFU

Lebkuchengewürz ist das Geheimnis

FÜR 2 PERSONEN

- -

100 g asiatische Reisnudeln
1 Stück frischer Ingwer (ca. 1 cm)
2 Knoblauchzehen
800 ml Gemüsefond
2 TL Lebkuchengewürz
2 Frühlingszwiebeln
125 g Shiitakepilze
150 g Tofu
1 EL helle Sojasauce
1 TL scharfe Chilisauce
1 kleine Handvoll Minzeblättchen
Salz
1 kleine Bio-Limette

- -

ZUBEREITUNGSZEIT: 20 MIN.
PRO PERSON: 365 KAL.

1 Die Nudeln nach Packungsanweisung garen. Ingwer und Knoblauch schälen, in Scheiben schneiden und mit Fond und Lebkuchengewürz erhitzen. Würzfond knapp unter dem Siedepunkt 5 Min. ziehen lassen.

2 Inzwischen die Frühlingszwiebeln putzen, waschen und in Ringe schneiden. Die Pilze putzen und die Stiele entfernen. Pilze nach Belieben halbieren. Tofu klein würfeln.

3 Knoblauch und Ingwer aus dem Fond fischen, Soja- und Chilisauce unterrühren. Pilze, Frühlingszwiebeln und Tofu im Fond 3 Min. ziehen lassen. Die Nudeln abtropfen lassen und ebenfalls kurz in der Suppe ziehen lassen. Die Hälfte der Minzeblättchen unterrühren.

4 Suppe mit Salz abschmecken und auf tiefe Teller oder Suppenschalen verteilen. Restliche Minze darüberstreuen. Die Limette waschen, vierteln und zum Selberwürzen mit der Nudelsuppe anrichten.

ASIA-SPAGHETTI

Italienische Pasta auf großer Reise

FÜR 2 PERSONEN

250 g Spaghetti
Salz
2 EL helle Sojasauce
4 TL körniger Senf
1 EL Zitronensaft
2 TL Kurkumapulver
3 TL Zucker
2 Knoblauchzehen
1 Zucchino (ca. 200 g)
200 g Champignons
1 rote Zwiebel
2 EL Öl
1 EL Butter
150 g junger Blattspinat (küchenfertig; ersatzweise aufgetauter TK-Spinat)
1 kleine Bio-Zitrone
scharfe Chilisauce (nach Belieben)

ZUBEREITUNGSZEIT: 25 MIN.
PRO PERSON: 585 KAL.

1 Nudeln in reichlich kochendem Salzwasser nach Packungsanweisung bissfest garen.

2 Inzwischen Sojasauce, Senf, Zitronensaft, Kurkuma und Zucker verrühren. Den Knoblauch schälen und dazupressen.

3 Zucchino waschen, putzen und würfeln, Pilze putzen und in Scheiben schneiden. Zwiebel schälen und in mundgerechte Stücke schneiden. Nudeln in ein Sieb abgießen, kalt abschrecken und abtropfen lassen.

4 Öl in einer Pfanne erhitzen und die Zwiebel darin anbraten. Zucchiniwürfel und Pilze dazugeben und 1–2 Min. mitbraten. Nudeln, Saucenmix, Butter und Spinat dazugeben und 2 Min. rühren. Alles mit Salz würzen.

5 Nudeln auf Teller verteilen. Zitrone waschen, vierteln und zum Selberwürzen dazulegen. Nach Belieben die Asia-Spaghetti mit scharfer Chilisauce schärfen.

PASST GUT DAZU:
davor Kokossuppe mit Süßkartoffeln (Seite 80) oder Rote-Bete-Creme (Seite 31), dazu Ziegenfrischkäse oder Ricotta als Topping.

THAI-REISNUDELSALAT

Leicht, frisch und ganz fix

FÜR 2 PERSONEN

- -

100 g Reis-Vermicelli
1 rote Zwiebel
1 kleine rote Paprikaschote
1 Bio-Mini-Salatgurke
2 EL geröstete Erdnusskerne
1 Bund Koriandergrün oder Minze
1 EL Öl
ca. 2 EL Limettensaft
1–2 EL helle Sojasauce
2 TL Zucker
½ TL Pul biber (türk. Paprikaplättchen)
Salz

- -

ZUBEREITUNGSZEIT: 15 MIN.
PRO PERSON: 365 KAL.

1 Die Nudeln nach Packungsanweisung in heißem Wasser einweichen und abtropfen lassen.

2 Zwiebel schälen und in feine Streifen schneiden. Paprika halbieren, entkernen, waschen und ebenfalls in feine Streifen schneiden. Gurke waschen und in Scheiben schneiden. Erdnüsse hacken. Kräuter waschen, trocken schütteln und die Blättchen abzupfen.

3 Das Öl, 1 ½ EL Limettensaft, 1 EL Sojasauce, Zucker und Pul biber in einer Schüssel verrühren. Zwiebel, Paprika, Gurke, Erdnüsse und Kräuter dazugeben und gut durchmischen.

4 Die Nudeln kräftig ausdrücken, mit einer Schere auf die gewünschte Länge einkürzen und mit dem Gemüse mischen. Salat mit Salz, Limettensaft und Sojasauce abschmecken.

TIPP:

Clevere Ergänzungen für den Salat sind 100 g klein geschnittene Avocado oder in feine Streifen geschnittene, unreife Mango.

4 × SCHNELL GEWOKKT ...

WOKGEMÜSE MIT ERDNUSSSAUCE

Für 2 Personen

Für die Sauce 100 g **Erdnussbutter** mit 130 ml Wasser erhitzen und glatt rühren. 1 **Knoblauchzehe** schälen und dazupressen. Je 2 TL **Ingwerpulver** und **Zucker**, 1 EL **Zitronensaft** und 1 TL scharfe **Chilisauce** unterrühren. Sauce mit **Salz,** Zucker und Zitronensaft abschmecken. 1 rote **Zwiebel** schälen und klein schneiden. 125 g **Shiitakepilze** putzen, die Stiele entfernen und die Hüte halbieren. 1 rote **Paprikaschote** halbieren, entkernen, waschen und würfeln. 1 EL **Öl** im Wok oder in einer Pfanne erhitzen, das vorbereitete Gemüse und 6 **Mini-Maiskölbchen** darin 3–4 Min. bei starker Hitze unter Rühren anbraten. 2 EL helle **Sojasauce**, 1 TL **Ingwerpulver** und 1 TL **Zucker** dazugeben. Alles mit Salz und Zucker abschmecken. Mit Erdnusssauce und Reis servieren.

THAIGEMÜSE SÜSS–SAUER

Für 2 Personen

Für die Sauce 100 ml Wasser mit 2 EL süßer **Chilisauce**, je 1 EL **Tomatenmark, Weißweinessig, Zucker** und heller **Sojasauce** sowie je 1 TL **Ingwerpulver und Speisestärke** verrühren. 1 **Knoblauchzehe** schälen und dazupressen. Sauce mit etwas **Salz** würzen. 1 Dose **Ananaswürfel** (Abtropfgewicht 240 g) in ein Sieb abgießen und abtropfen lassen, dabei 50 ml Flüssigkeit auffangen. 1 rote **Zwiebel** schälen und in Stücke schneiden. 200 g **Kirschtomaten** und 1 **Bio-Mini-Salatgurke** waschen und halbieren bzw. würfeln. 1 EL **Öl** im Wok oder in einer Pfanne erhitzen und die Zwiebel darin anbraten. Ananas, Gurke und Tomate hinzufügen und kurz mitbraten. Die Sauce und die Ananasflüssigkeit angießen und kurz köcheln lassen, bis alles etwas andickt. Thaigemüse mit Salz und etwas **Reisessig** abschmecken und mit Reis servieren.

TOFU–SPITZKOHL–PFANNE

Für 2 Personen

250 g **Spitzkohl** waschen und in feine Streifen schneiden. 125 g **Shiitakepilze** putzen, die Stiele entfernen und die Hüte halbieren. 150 g **Räuchertofu** in schmale Streifen schneiden. 2 EL **Öl** im Wok oder in einer Pfanne erhitzen. Spitzkohl, Pilze und Tofu darin ca. 5 Min. anbraten. 1 EL **Zucker** dazugeben und leicht karamellisieren lassen. 150 g **Woknudeln** (Instant-Nudeln ohne Vorkochen) und 200 ml Wasser dazugeben und alles so lange köcheln lassen, bis die Nudeln das Wasser aufgesogen haben. Alles mit ½ TL gemahlenem **Ingwer** würzen und mit je 1 EL **Sojasauce** und **Weißweinessig** ablöschen. Mit **Salz** und **Pfeffer** abschmecken, auf zwei Teller verteilen und nach Belieben mit süßer oder scharfer **Chilisauce** bei Tisch „verschärfen".

GEBRATENER EIERREIS

Für 2 Personen

2 **Frühlingszwiebeln** putzen, waschen und in Ringe schneiden. 60 g **Mungbohnensprossen** waschen und abtropfen lassen. 1 **Möhre** mit dem Sparschäler schälen und raspeln. 1 **Knoblauchzehe** schälen und fein hacken. 2 **Eier** (Größe M) verquirlen. 1 EL **Öl** im Wok erhitzen. Eier darin unter Rühren anbraten, Knoblauch kurz mitbraten, beides an den Rand schieben. In 1 weiteren EL Öl Sprossen und Möhren anbraten und an den Rand schieben. Dann in 1 EL Öl 200 g gekühlten, gekochten **Reis** (vom Vortag) unter Rühren anbraten. Alles mischen, Frühlingszwiebeln dazugeben und alles 1 Min. weiterbraten. Je 1 EL **Sojasauce** und **Reisessig** dazugeben. Eierreis mit **Salz, Pfeffer** und Sojasauce abschmecken und mit Sojasauce, Reisessig und **Chilisauce** zum Selberwürzen servieren.

4 x SCHNELLE CURRYS ...

SÜSSKARTOFFEL – SPINAT – CURRY

Für 2 Personen

1 **Süßkartoffel** (ca. 400 g) schälen und würfeln.
2 **Zwiebeln** schälen und fein würfeln oder ersatzweise 1 Päckchen TK-Zwiebeln verwenden.
1 EL **Öl** in einer Pfanne erhitzen und die Zwiebeln darin anbraten. 1½ EL gelbe **Currypaste** und 1 TL **Zitronengraspaste** (aus dem Asienregal) hinzufügen und kurz anbraten. Dann Süßkartoffel, 250 ml **Kokosmilch** und 300 ml **Gemüsebrühe** hinzufügen, aufkochen und bei schwacher Hitze ca. 10 Min. köcheln lassen, bis die Süßkartoffelwürfel weich sind. 150 g jungen **Blattspinat** dazugeben und zusammenfallen lassen. Curry mit **Salz, Zitronensaft** und **Zucker** abschmecken.

SPARGEL – CURRY

Für 2 Personen

500 g grünen **Spargel** waschen, die holzigen Enden großzügig abschneiden und die Stangen in mundgerechte Stücke schneiden. 1 rote **Zwiebel** schälen und grob würfeln. 1 EL **Butterschmalz** in einem Wok oder einer Pfanne erhitzen. Zwiebel und Spargel darin 6 Min. anbraten. 30 g **Mandelstifte**, je 1 TL **Currypulver, Zucker**, gemahlenen **Koriander** und **Senfsamen** sowie 1 Prise **Pul biber** (türk. Paprikaplättchen) hinzufügen und noch 3–4 Min. mitbraten. Spargel-Curry mit **Salz, Pfeffer,** Currypulver und **Zitronensaft** abschmecken.

... als kleine Fernostreise für den Gaumen. Und dazu: Basmatireis oder indisches Naanbrot.

KARTOFFEL-KICHER-ERBSEN-CURRY

Für 2 Personen

400 g festkochende **Kartoffeln** schälen und würfeln. 1 kleine grüne **Paprikaschote** halbieren, entkernen, waschen und in mundgerechte Stücke schneiden. 150 g **Kichererbsen** (aus der Dose) in einem Sieb kalt abspülen und abtropfen lassen. 1 rote **Zwiebel** schälen und klein schneiden. 2 EL **Öl** in einem Topf erhitzen, Zwiebeln und Kartoffeln darin anbraten. 1 EL gelbe **Currypaste** und 2 TL **Zucker** hinzufügen und kurz mitbraten. Paprika, Kichererbsen und 300 ml heiße **Gemüsebrühe** hinzufügen. Alles aufkochen und bei schwacher Hitze 12–14 Min. köcheln lassen, dabei gelegentlich umrühren und nach 8 Min. 30 g getrocknete **Cranberrys** dazugeben. Nach Belieben 100 g **Sahne** oder 100 ml **Kokosmilch** unterrühren. Curry mit **Salz, Zitronensaft,** Zucker und Currypaste abschmecken.

MÖHREN-ANANAS-CURRY

Für 2 Personen

2 größere **Möhren** (ca. 200 g) mit dem Sparschäler schälen und schräg in Scheiben schneiden. 1 Dose **Ananaswürfel** (240 g Abtropfgewicht) in ein Sieb abgießen und abtropfen lassen. 200 g **Kirschtomaten** waschen. 1 EL **Butter** in einem Topf erhitzen und die Möhren darin andünsten. Je 1 EL gelbe **Currypaste** und **Zucker** dazugeben und kurz mitdünsten. Tomaten, Ananas und 400 ml **Kokosmilch** hinzufügen, mit etwas **Salz** würzen, aufkochen und bei schwacher Hitze 8–10 Min. köcheln lassen. 2 **Frühlingszwiebeln** putzen, waschen, in Ringe schneiden und kurz vor Ende der Garzeit dazugeben. Curry mit Salz und Currypaste abschmecken.

ERBSEN-PULAO MIT ORANGENBUTTER

Würziger, indisch inspirierter Reistopf

FÜR 2 PERSONEN

180 g Basmatireis
1 Zwiebel
2 EL Öl
2 Gewürznelken
2 TL Honig
1 TL gemahlener Kreuzkümmel
1 TL Kurkumapulver
Salz
100 g TK-Erbsen
50 g Rosinen
30 g geröstete Erdnusskerne
300 ml Gemüsebrühe
1 Bio-Orange
50 g Butter
1 Knoblauchzehe
2 EL Aceto balsamico bianco
Pfeffer

ZUBEREITUNGSZEIT: 20 MIN.
PRO PERSON: 880 KAL.

1 Den Reis in ein Sieb geben und waschen, bis die austretende Flüssigkeit klar bleibt. Dann abtropfen lassen. Zwiebel schälen und würfeln.

2 Das Öl in einem Topf erhitzen, die Zwiebelwürfel darin mit den Nelken anbraten. Honig, Kreuzkümmel, Kurkuma und 1 Prise Salz hinzufügen und kurz andünsten. Erbsen, Rosinen, Erdnüsse und Reis dazugeben und noch ca. 2 Min. unter Rühren dünsten. Inzwischen die Gemüsebrühe erhitzen.

3 Die heiße Brühe angießen, Pulao noch einmal umrühren und dann ohne zu Rühren bei schwacher Hitze 8 Min. köcheln lassen. Den Herd ausstellen und den Reis im geschlossenen Topf gar ziehen lassen.

4 Die Orange heiß waschen, trocken reiben, die Schale abreiben und den Saft auspressen. Die Butter schmelzen, den Knoblauch schälen und dazupressen. Orangenschale, 3 EL Saft und Essig unterrühren. Mit Salz und Pfeffer abschmecken.

5 Reis auflockern und auf Teller verteilen. Mit der Orangenbutter beträufeln und servieren.

LINSEN-DAL MIT APRIKOSEN

Klassiker mit fruchtigem Extra

FÜR 2 PERSONEN

1 Zwiebel
1 Stück frischer Ingwer (ca. 1 cm)
100 g getrocknete Aprikosen
1 Zucchino (ca. 200 g)
2 EL Butter
2 Knoblauchzehen
2 TL Zucker
3 TL Currypulver
150 g rote Linsen
400 ml Gemüsebrühe
1 Bio-Zitrone
Salz
2 EL cremiger Joghurt

ZUBEREITUNGSZEIT: 25 MIN.
PRO PERSON: 540 KAL.

1 Die Zwiebel und den Ingwer schälen und fein würfeln. Aprikosen ebenfalls würfeln, Zucchino waschen, putzen und grob würfeln. In einem Topf 1 EL Butter erhitzen, die Zucchiniwürfel darin rundherum anbraten und wieder herausnehmen.

2 Zwiebel, Aprikosen und Ingwer in den Topf geben und kurz anbraten. Knoblauch schälen und dazupressen. Zucker, Currypulver und Linsen hinzufügen und alles kurz weiterbraten. Gemüsebrühe angießen, aufkochen und zugedeckt bei schwacher bis mittlerer Hitze ca. 10 Min. köcheln lassen, dabei hin und wieder umrühren.

3 Die Zitrone heiß waschen, trocken reiben, die Schale abreiben und den Saft auspressen. Zucchiniwürfel, restliche Butter und Zitronenschale unter das Dal rühren. Dal mit Salz und Zitronensaft abschmecken. Auf Schalen oder tiefe Teller verteilen und jeweils mit 1 Klecks Joghurt garnieren.

PASST GUT DAZU:

indisches Naanbrot oder Fladenbrot.

GRILLEN

Blitzschnell gegrillt! Damit der Rost keinen Rost ansetzt ...

DIE SCHNELLEN 4
FÜR SOMMERLICHES GRILLVERGNÜGEN

FETA & HALLOUMI

Begeistern jeden Lacto-Vegetarier, weil sie schnell zubereitet sind und nach Urlaub am Mittelmeer schmecken | Halloumi-Käse behält beim Braten und Grillen seine Form – darf deshalb direkt auf dem Grillrost landen | **Feta am besten in der Folie grillen** | Halloumi lässt sich gerne zwischen zwei Brotscheiben servieren, als **Füllung** von mediterranem Fladenbrot (Seite 18) oder Burgern vom Grill (Seite 100) | in Scheiben geschnitten oder gewürfelt und dann in der Pfanne gebraten oder gegrillt glänzt er als **Salattopping oder Grillbeilage** | Feta ist das herzhafte Highlight von **Gurkencocktail** (Seite 24) und buntem **Nudelsalat** (Seite 28) | fein gewürfelt (Halloumi noch kurz anbraten!) eine prima Ergänzung für **Wraps** (Seite 20–21).

ZITRONE

Abgeriebene Schale und der Saft verleihen Marinaden und Saucen blitzschnell frisches mediterranes Aroma | wenn Schale abgerieben wird, immer Bio-Zitronen verwenden | Zitronen nicht in der Nähe von Äpfeln lagern, am besten in der Kühlschranktür | **grenzenlos gut:** Zitronenfrische ist unverzichtbar in der italienischen Küche und gibt auch asiatischen und süßen Spezialitäten angenehm Saures | Suppen (Seite 30–31) lieben frisches Zitronenaroma | für eine **schnelle Zitronenlimonade** für 2 Personen 50 ml frisch gepressten Zitronensaft mit 60 g Zucker und 500 ml eiskaltem Mineralwasser verrühren. Nach Belieben einige Blättchen Minze, Zitronenmelisse oder 1–2 TL Rosenwasser (aus der Apotheke) dazugeben.

KNOBLAUCH

Macht fade Gerichte ganz flott richtig würzig | eine Knoblauchpresse macht das Handling superbequem | Kenner schwören auf fein gewürfelten Knoblauch | wird er getrennt von Zwiebeln bei Zimmertemperatur aufbewahrt, ist er locker mehrere Wochen haltbar | klassischer, **kräftig würziger Aromaspender** der italienischen und asiatischen Küche | Hauptdarsteller in **Zitronen-Aioli** (Seite 103) und beim **Knoblauchdip** (Seite 53).

KRÄUTER

Liefern im Eiltempo frisch-würziges Aroma für die Sommerküche | zur Grillzeit haben fast alle Kräuter Saison, deshalb tauchen sie jetzt praktisch überall auf: im Supermarkt, auf dem Wochenmarkt und im eigenen Garten | TK-Kräuter sind eine gute Variante für alle Extrabequemen | mediterrane Kräuter wie Rosmarin, Thymian und Oregano schmecken auch getrocknet hervorragend | Basilikum und Koriandergrün besser frisch verwenden, in einer Plastikbox im Kühlschrank halten sie sich einige Tage | Petersilieblättchen sind ein **Frische-Tuning** für Halloumi-Burger (Seite 100) und Tomatensalat (Seite 24) | Koriandergrün ist ein **beliebtes Topping** für Kokossuppe mit Süßkartoffeln (Seite 80), **typische Würze** für Thai-Reisnudelsalat (Seite 86) und aromatische Füllung von gegrilltem Tofu (Seite 104) | frisches Basilikum ist der grüne **Hauptdarsteller** beim Pesto diavolo (Seite 69).

HALLOUMI-BURGER

Mediterraner Grillgenuss

FÜR 2 BURGER

- 1 rote Spitzpaprikaschote
- 1 kleiner Zucchino
- 1 kleine rote Zwiebel
- 1 EL Öl
- 1 EL Aceto balsamico bianco
- ½ TL Zucker
- 1 EL gemischte TK-Kräuter
- 1 Knoblauchzehe
- Salz | Pfeffer
- 1–2 Stängel Petersilie
- 100 g Halloumi-Käse
- 2 Hamburgerbrötchen
- 2 EL Salatmayonnaise
- ½ TL abgeriebene Bio-Zitronenschale
  (nach Belieben)

ZUBEREITUNGSZEIT: 25 MIN.
PRO PERSON: 405 KAL.

1 Paprika halbieren, entkernen, waschen und in Streifen schneiden. Zucchino waschen, putzen und schräg in Scheiben schneiden. Die Zwiebel schälen und in Scheiben schneiden.

2 Das Öl mit Essig, Zucker und den Kräutern verrühren. Knoblauch schälen und dazupressen. Marinade mit Salz und Pfeffer abschmecken. Das Gemüse darin einlegen und mindestens 10 Min. ziehen lassen. Petersilie waschen, trocken tupfen und die Blättchen abzupfen.

3 Halloumi in 2 Scheiben schneiden. Die Brötchen halbieren. Das Gemüse und den Halloumi direkt auf dem heißen Grill rundherum grillen. Die Brötchen ebenfalls kurz von beiden Seiten auf dem Grill toasten.

4 Die gerösteten Brötchen auf beiden Seiten mit der Mayonnaise bestreichen und nach Belieben mit der Zitronenschale bestreuen. Jeweils die untere Brötchenhälfte mit Petersilie, Halloumi und dem Gemüse belegen und die andere Hälfte locker darauflegen.

TIPP:
Passend zu den mediterranen Zutaten können Sie den Burger auch in Pitabrot, Focaccia oder türkischem Fladenbrot servieren.

AUCH GUT DAZU:
scharfe Tomatensauce (Seite 102) oder Zitronen-Aioli (Seite 103) statt Salatmayonnaise.

4 x SCHNELLE GRILLSAUCEN ...

HONIG-SENF-SAUCE

Für 2 Personen

Je 2 EL körnigen **Senf** und **Salatmayonnaise**, 50 g **Crème fraîche** und 2 TL **Honig** verrühren. Nach Belieben 1 kleine **Knoblauchzehe** schälen und dazupressen. Sauce kurz durchziehen lassen. Mit 1 Prise **Cayennepfeffer** würzen und mit **Salz** und Honig abschmecken.

TIPP:
Die Honig-Senf-Sauce passt nicht nur hervorragend zu gegrilltem Gemüse, wie Paprika oder Zucchini. Sie ist auch perfekt geeignet als Sandwich- oder Wrapsauce. Leicht verdünnt und mit etwas Essig abgeschmeckt, kann sie auch sehr gut als Salatdressing verwendet werden.

SCHARFE TOMATENSAUCE

Für 2 Personen

200 g **Kirschtomaten** waschen und halbieren. 1 EL **Öl** in einer Pfanne erhitzen. 2 EL **TK-Zwiebeln** darin andünsten. Tomaten hinzufügen und kurz andünsten. 1 kleine **Knoblauchzehe** schälen, dazupressen und 2 Min. mitdünsten. Alles mit 1 Schuss **Weißwein** (ersatzweise Gemüsebrühe) ablöschen. Flüssigkeit etwas verköcheln lassen und vom Herd nehmen. 2 EL **Tomatenmark**, 1 EL **Honig** und 1 TL scharfe **Chilisauce** verrühren, dann unter die Kirschtomatenmischung rühren. Sauce mit **Salz** und **Pfeffer** abschmecken und abkühlen lassen.

PASST GUT DAZU:
gegrillte Zucchini, Paprika, Auberginen und Zwiebelspalten oder Halloumi-Käse.

... für die schönste Zeit des Jahres. Mit diesen Quick-and-easy-Saucen sind gesellige Grillabende auch für den Gastgeber Entspannung pur.

ZITRONEN—AIOLI

Für 2 Personen

100 g **Salatmayonnaise** und 50 g **Schmand** verrühren. 2–3 **Knoblauchzehen** schälen und dazupressen. ½ **Bio-Zitrone** heiß waschen, trocken reiben, die Schale abreiben und den Saft auspressen. Schale und 1 TL Zitronensaft unterrühren und 10 Min. ziehen lassen. Dann mit **Salz, Pfeffer** und Zitronensaft abschmecken.

TIPP:
Für selbstgemachte Mayo 1 zimmerwarmes Ei (Größe M) in einen Mixbecher geben. 1 TL Senf, 100 ml Öl, 1 Spritzer Zitronensaft und etwas Salz und Pfeffer dazugeben. Den Pürierstab auf den Boden des Mixbechers stellen, anschalten und langsam nach oben ziehen, sodass eine cremige Mayonnaise entsteht. Mayo mit Salz und Zitronensaft abschmecken.

CURRYSAUCE

Für 2 Personen

100 g **Mango-Chutney (Fertigprodukt)** und 100 g **Crème fraîche** verrühren. Mit 2 TL **Currypulver,** 1 TL **Kurkumapulver,** 1 Prise **Cayennepfeffer** und 1 EL **Weißweinessig** würzen. Sauce mit **Salz** und **Pfeffer** abschmecken.

TIPP
Statt Mango-Chutney können sie auch Aprikosenkonfitüre oder Pflaumenmus verwenden.

PASST GUT DAZU:
Seitan- oder Tofuwürstchen.

GEFÜLLTER TOFU

Neuer Star auf dem Grill

FÜR 2 PERSONEN

- -

3 eingelegte rote Chilischoten
3 Knoblauchzehen
1 Bund Koriandergrün
1 EL Honig
1 TL Ingwerpulver
2 EL Limettensaft
4 EL Öl
Salz | Pfeffer
300 g Tofu

- -

ZUBEREITUNGSZEIT: 20 MIN.
PRO PERSON: 490 KAL.

1 Für die Füllung die Chilischoten abtropfen lassen und in Ringe schneiden. Den Knoblauch schälen und in dünne Scheiben schneiden. Koriander waschen, trocken schütteln und die Blättchen abzupfen. Chili, Knoblauch und Koriander mit Honig, Ingwer, Limettensaft und Öl verrühren. Mischung mit Salz und Pfeffer würzen und ca. 5 Min. ziehen lassen.

2 Den Tofu in 6 ca. 1,5 cm dicke Scheiben à ca. 8 x 5 cm schneiden. Mit einem Messer eine Tasche einschneiden, sodass die Ränder an drei Seiten noch verbunden bleiben.

3 Den Tofu an den kurzen Seiten leicht zusammendrücken, sodass sich der Schnitt leicht öffnet. Die Füllung hineingeben. Den Tofu mit der restlichen Marinade bepinseln.

4 Die Tofuscheiben auf dem heißen Grill von beiden Seiten goldbraun grillen. Mit Salz und Pfeffer würzen und servieren.

PASST GUT DAZU:
Thai-Reisnudelsalat (Seite 86) oder Blattsalat mit gegrillter Ananas (Seite 110).

POLENTASCHNITTEN MIT PILZEN

Edles für Grillgourmets

1 Milch, Brühe, Butter, 1 Prise Salz und etwas Muskatnuss aufkochen. Die Polenta einrieseln lassen und ca. 3 Min. rühren, bis die Masse cremig-fest geworden ist.

2 Den Käse einstreuen und gut unterrühren. Polentamasse mit Salz, Pfeffer und Muskat abschmecken. Die Masse in eine gefettete Auflaufform (ca. 20 x 20 cm) verteilen, glatt streichen und abkühlen lassen.

3 Pilze putzen und nach Belieben halbieren oder vierteln. Artischockenherzen abtropfen lassen und je nach Größe halbieren oder in Scheiben schneiden. Tomaten waschen und halbieren. Alles in einer Schüssel mit Essig, Öl, Kräutern und Kapern mischen. Den Knoblauch schälen und dazupressen. Das Gemüse mit Salz und Pfeffer würzen.

4 Das Gemüse auf zwei Streifen Alufolie geben, jeweils die Hälfte der Kräuterbutter auf jede Portion setzen. Die Alufolie gut verschließen und das Gemüse auf dem heißen Grill 10–15 Min. grillen, bis es gar ist. Die Polenta in Quadrate oder Rauten schneiden und auf dem heißen Grill von beiden Seiten goldbraun grillen. Gegrillte Polenta mit dem Gemüse servieren.

4 x SCHNELLES AUS ALUSCHALE ODER FOLIE ...

AUSTERNPILZE MIT KRÄUTERÖL

Für 2 Personen

250 g **Austernpilze** putzen, große Pilze halbieren, die Stiele entfernen. 1 **Knoblauchzehe** schälen, pressen und mit 3 EL **Öl,** 1 TL getrocknetem **Rosmarin,** der abgeriebenen **Schale von 1 Bio-Zitrone** und etwas **Pfeffer** verrühren. Die Pilze damit einpinseln und 10 Min. ziehen lassen. Dann in der Aluschale von beiden Seiten grillen, bis die Pilze leicht gebräunt und gar sind. Jeweils 1 Klecks **Kräuterbutter** auf jedem Pilz schmelzen lassen. Pilze salzen und servieren.

PASST GUT DAZU:
Ofenkartoffeln, Folienkartoffeln aus der Glut oder Ciabatta.

FETA MIT SPINAT

Für 2 Personen

1 **Tomate** waschen, 1 **Bio-Zitrone** heiß waschen und trocken reiben. Beides in Scheiben schneiden. 2 **Knoblauchzehen** schälen und ebenfalls in dünne Scheiben schneiden. 2 eingelegte **Peperoni** abtropfen lassen und in Ringe schneiden. 200 g **Feta-Käse** quer halbieren. Zwei Streifen Alufolie mit etwas **Olivenöl** bestreichen und die Fetastücke jeweils darauflegen. Mit 1 TL getrockneten **Kräutern der Provence** und 1 Prise edelsüßem **Paprikapulver** bestreuen, mit den Tomatenscheiben und Peperoniringen belegen. 80 g jungen **Blattspinat** (küchenfertig) darüberhäufen, Knoblauch und Zitronenringe darauf verteilen und alles mit **Salz** und **Pfeffer** würzen. Folien gut verschließen, dabei den Spinat fest zusammendrücken. Die Päckchen 10 Min. auf dem heißen Grill garen.

... für die „Mimosen" unter den Grillzutaten. Pilze, Feta, Spinat & Co. mögen den direkten Kontakt zum Feuer nicht und liegen lieber gut geschützt auf dem Grill.

PFIRSICH MIT HONIG-ZIEGENKÄSE

Für 2 Personen

1 Handvoll **Basilikumblättchen** in Streifen schneiden. 2 **Pfirsiche** waschen, halbieren und entsteinen. 1 EL **Honig,** 1 EL trockenen **Weißwein** (ersatzweise Apfelsaft) und 1 Prise **Cayennepfeffer** verrühren. Pfirsiche auf der Schnittfläche damit einpinseln, auf dem Grill in der Aluschale mit der Schnittfläche nach unten grillen, bis sie gebräunt sind. Wenden und auf jede Hälfte 1 geh. EL **Ziegenfrischkäse** setzen. Pfirsiche noch 1–2 Min. weitergrillen. Dann mit 1 TL **Aceto balsamico** beträufeln, mit **Pfeffer** grob übermahlen und mit Basilikum bestreut servieren.

TIPP:
Wenn der Grill nicht zu heiß ist, können Sie die Pfirsiche auch direkt auf dem Rost grillen.

RATATOUILLE-GEMÜSE

Für 2 Personen

150 g **Aubergine** und 1 kleinen **Zucchino** waschen, putzen und würfeln, dabei darauf achten, dass die Auberginenwürfel kleiner als die Zucchiniwürfel sind. 150 g **Kirschtomaten** waschen. 4 **Knoblauchzehen** schälen und halbieren. Das Gemüse und 50 g schwarze **Oliven** in einer Schüssel mit 3 EL **Olivenöl,** 2 EL **Aceto balsamico,** 1 TL **Honig** und 2 TL getrockneten **Kräutern der Provence** mischen. Mit **Salz** und **Pfeffer** würzen. Alles auf zwei große oder vier kleinere Streifen Alufolie verteilen, dabei das Gemüse nicht übereinanderhäufen. Die Päckchen gut verschließen und auf dem heißen Grill 10–15 Min. grillen, bis das Gemüse gar ist.

TIPP:
Dazu passen scharfe Tomatensauce (Seite 102) oder Zitronen-Aioli (Seite 103) und Baguette.

BLATTSALAT MIT GEGRILLTER ANANAS

Faules Früchtchen vom Grill

FÜR 2 PERSONEN

- 1 Babyananas
- 1 TL Ingwerpulver
- Zimtpulver
- 2 ½ EL Zucker
- 100 g Salatmix (küchenfertig)
- 150 g Kirschtomaten
- 1 rote Zwiebel
- 2 EL Aceto balsamico
- 1 TL Senf
- 3 EL Olivenöl
- Salz | Pfeffer

ZUBEREITUNGSZEIT: 25 MIN.
PRO PERSON: 350 KAL.

1 Die Ananas schälen, den harten Strunk entfernen, das Fruchtfleisch in grobe Stücke schneiden. In einer Schüssel mit Ingwer, 1 Prise Zimt und 2 EL Zucker mischen und 10 Min. ziehen lassen.

2 Den Salatmix waschen und trocken schütteln. Tomaten waschen und halbieren. Zwiebel schälen und in Spalten schneiden.

3 Für das Dressing Balsamico mit Senf und restlichem Zucker verrühren. Das Öl unterschlagen und die Sauce mit Salz und Pfeffer würzen.

4 Die Ananasstücke auf dem heißen Grill rundherum goldbraun grillen. Salatmix, Zwiebeln und Tomaten mit dem Dressing mischen und auf zwei Teller verteilen. Die gegrillten Ananasstücke darauf anrichten.

TIPP:
Statt Ananas schmecken auch Apfel- oder Mangospalten, halbierte Pfirsiche oder Pflaumen sehr gut.

4 x SCHNELLE TEIGSCHNECKEN ...

MIT BÄRLAUCHPESTO

Für 20 Stück

200 g **Tomaten** waschen, halbieren, entkernen und ohne den Stielansatz fein würfeln. Mit 2 EL **Weißweinessig** 10 Min. marinieren. Backofen auf 250° vorheizen. Tomaten abtropfen lassen und mit **Salz** und **Pfeffer** würzen. **Fertig-Pizzateig** (400 g; aus dem Kühlregal) ausbreiten und mit 2–3 EL **Bärlauchpesto** (ohne Parmesan; Fertigprodukt) bestreichen, dabei an den langen Seiten jeweils einen Rand frei lassen. Pesto mit 80 g geriebenem **Käse** bestreuen und mit den Tomaten belegen. Teig vorsichtig (ohne das Papier) einrollen und an den Enden gut andrücken. Rolle in 20 Scheiben schneiden, diese jeweils etwas nachformen. Ofentemperatur auf 200° herunterschalten. Die Schnecken auf ein mit Backpapier belegtes Blech legen und im heißen Backofen (Mitte, Umluft 180°) in ca. 30 Min. knusprig backen. Etwas abkühlen lassen und lauwarm servieren.

PIZZA-STYLE

Für 20 Stück

150 g **Tomatenmark** mit 50 ml Wasser, 4 EL **Olivenöl** und 1 EL **Zucker** verrühren. Mit **Salz** und **Pfeffer** würzen. 100 g grüne **Oliven** (ohne Stein) hacken. Backofen auf 250° vorheizen. **Fertig-Pizzateig** (400 g; aus dem Kühlregal) ausbreiten und mit der Tomatensauce bestreichen, dabei an den langen Seiten jeweils einen Rand frei lassen. Sauce mit den Oliven, 100 g geriebenem **Käse** und ½ TL getrocknetem **Oregano** bestreuen. Teig vorsichtig (ohne das Papier) einrollen und an den Enden gut andrücken. Rolle in 20 Scheiben schneiden, diese jeweils etwas nachformen. Ofentemperatur auf 200° herunterschalten. Die Schnecken auf ein mit Backpapier belegtes Blech legen und im heißen Backofen (Mitte, Umluft 180°) in ca. 30 Min. knusprig backen. Etwas abkühlen lassen und lauwarm servieren.

... als raffinierte Grillbeilage, die garantiert allen schmeckt. Und weil der Pizzateig schon fertig ist, brauchen Sie sich nur um die Füllung kümmern.

MIT LAUCH UND NÜSSEN

Für 20 Stück

1 Stange **Lauch** putzen, in Ringe schneiden, waschen und gut abtropfen lassen. 150 g **Crème fraîche** mit **Salz, Pfeffer** und ½ TL gemahlenem **Kümmel** würzen. 1 **Knoblauchzehe** schälen und dazupressen. 1 **Eigelb** unterrühren. 50 g **Walnusskerne** grob hacken. Backofen auf 250° vorheizen. **Fertig-Pizzateig** (400 g; aus dem Kühlregal) ausbreiten, mit der Crème fraîche bestreichen, dabei an den langen Seiten jeweils einen Rand frei lassen. Mit Lauch und Walnüssen belegen. Teig vorsichtig (ohne das Papier) einrollen und an den Enden gut andrücken. Rolle in 20 Scheiben schneiden, diese jeweils etwas nachformen. Ofentemperatur auf 200° herunterschalten. Auf ein mit Backpapier belegtes Blech legen und im heißen Backofen (Mitte, Umluft 180°) in ca. 30 Min. knusprig backen. Etwas abkühlen lassen und lauwarm servieren.

MIT OLIVEN

Für 20 Stück

1 **Knoblauchzehe** schälen und mit 200 g gemischte **Oliven** (ohne Stein), 1 EL **Kapern** und 2 EL **Öl** mit dem Pürierstab fein hacken. 1 EL **TK-Petersilie** und 1 EL **Zitronensaft** unterrühren. Masse mit **Pfeffer** abschmecken. Backofen auf 250° vorheizen. **Fertig-Pizzateig** (400 g; aus dem Kühlregal) ausbreiten und mit der Olivenmasse belegen, dabei auf den langen Seiten jeweils einen Rand frei lassen. Teig vorsichtig (ohne das Papier) einrollen und an den Enden gut andrücken. Rolle in 20 Scheiben schneiden, diese jeweils etwas nachformen. Ofentemperatur auf 200° herunterschalten. Die Schnecken auf ein mit Backpapier belegtes Blech legen und im heißen Backofen (Mitte, Umluft 180°) in ca. 30 Min. knusprig backen. Etwas abkühlen lassen und lauwarm servieren.

Von eiskalten Verführern,

SÜSSES

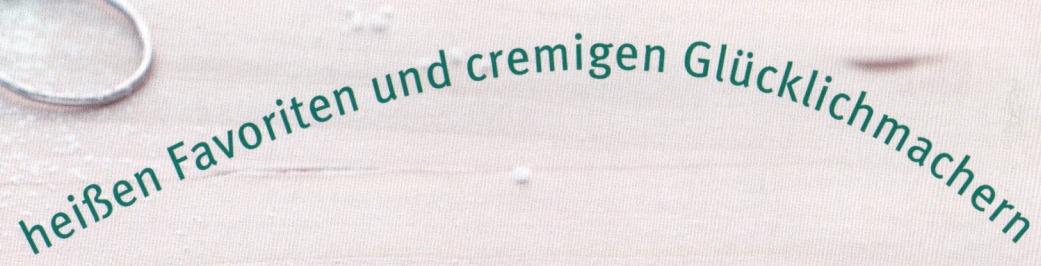

heißen Favoriten und cremigen Glücklichmachern

DIE SCHNELLEN 4 FÜR SÜSSE SACHEN

QUARK & JOGHURT

Nicht nur günstig, sondern auch sehr praktisch: fix angerührt und tausendfach variabel, dazu fettarm und eiweißreich | Quark spielt in vielen Desserts die Hauptrolle: angerührt als **Fruchtquark mit Bananen** (Seite 122), als Teigzutat in **Blaubeer-Flaugnarde** (Seite 122) und **Topfenschmarren** (Seite 123) | unverzichtbar **auch in der herzhaften Küche** für Quarkpflänzchen (Seite 42), Grüne Sauce (Seite 52) oder Knoblauchdip (Seite 53) | Joghurt ist die cremige Basis für **Mascarpone-Wein-Creme** (Seite 119) oder auch für frisches **Beereneis mit Schokolade** (Seite 120) | fix & edel: **Apfel-Amaretto-Quark**! Für 2 Personen 250 g Speisequark (20%) mit 250 g Apfelmus, 1 EL Zucker, 2 EL Amarettolikör und 1 Prise Zimtpulver verrühren. 100 g geschlagene Sahne unterrühren und nach Geschmack mit Zucker nachsüßen.

BOURBON-VANILLE-ZUCKER

Faule Alternative zum umständlichen Vanilleschote aufschlitzen und Mark herauskratzen: einfach Tütchen aufreißen, Zucker zum Dessert geben und fertig! | ist mit echter Bourbon-Vanille aromatisiert im Gegensatz zum altbekannten Vanillinzucker mit Kunstaroma | in der Dessertküche einfach ein Muss | aromatisiert süße Klassiker wie **Panna cotta mit Mango** (Seite 118) oder **Herrencreme** (Seite 119) ebenso wie Gebäck, z. B. knusprige **Streusel** (Seite 128–129) oder **Mandel-Marzipan-Brownies** (Seite 130) | **Vanillezucker selbst gemacht**: 1 ausgekratzte Vanilleschote in einem Schraubverschlussglas mit 100 g Zucker bedecken und 1 Woche durchziehen lassen.

FIXE FRÜCHTCHEN

Perfekt für faule Dessertfans: Ohne Schnibbeln können frische Beeren, Physalis oder Weintrauben verwendet werden, Bananen sind schnell geschält, Konservenobst und küchenfertige TK-Beeren sind einfach superpraktisch | Pfirsiche und Aprikosen aus der Dose verstecken sich unter einer luftigen Grießhaube beim **Grießsoufflé** (Seite 126) oder unter knusprigen Streuseln beim **Aprikosencrumble** (Seite 128) | bequeme Weintrauben sind das fruchtige Extra von **Mascarpone-Wein-Creme** (Seite 119) | Himbeeren veredeln **Schokotörtchen** (Seite 124) | im Trend: **Physalis-Bananen-Smoothie**! Für 2 Personen 100 g Physalis entblättern und waschen. 1 Banane schälen und in Scheiben schneiden. Je 100 ml Apfel- und Orangensaft sowie 1 EL Zitronen- oder Limettensaft mit den Früchten fein pürieren, in 2 Gläser gießen und sofort servieren.

GRIESS

Megapraktisch, weil lange haltbar, blitzschnell gegart und gelingsicher | für cremige Puddings am besten Weichweizengrieß verwenden | schon seit Großmutters Zeiten als **Grießpudding** (Seite 118) heiß begehrt | ebenso verführerisch im **Blaubeer-Flaugnarde** (Seite 122) oder als **Soufflé** (Seite 126) | gibt **auch herzhaften Bratlingen** (Seite 42–43) Halt und Konsistenz | kann auch mal statt Instant-Polenta verwendet werden.

4 x SCHNELLE SÜSSE KLASSIKER ...

PANNA COTTA MIT MANGO

Für 2 Personen

Für die Panna cotta 250 g **Sahne**, 1 Tütchen **Bourbon-Vanillezucker** und 20 g **Zucker** in einem Topf kochen, bis sich der Zucker gelöst hat, dann vom Herd nehmen. Zusätzlich 50 g Sahne mit ½ TL **Agar-Agar-Pulver** glatt rühren und rasch unter die heiße Sahne rühren. Alles unter Rühren noch 1–2 Min. kochen, dann neben dem Herd etwas abkühlen lassen. Sahnemischung durch ein Sieb gießen, hauchdünn abgeriebene Schale von ½ **Bio-Zitrone** unterrühren, in zwei Dessertgläser füllen und abkühlen lassen. Zugedeckt 20–30 Min. kühl stellen. Inzwischen 1 Stück **Mango** (ca. 100 g) schälen und das Fruchtfleisch würfeln. Mit je 1 TL Zucker und Zitronensaft verrühren, 10 Min. durchziehen lassen. Zum Servieren auf die Panna cotta geben.

GRIESSPUDDING

Für 2 Personen

1 **Ei** (Größe M) trennen, das Eiweiß zu steifem Schnee schlagen. Das Eigelb mit 50 g **Sahne**, 20 g **Zucker,** 1 Tütchen **Bourbon-Vanillezucker,** 1 Prise **Zimt** und 1 TL **Speisestärke** verrühren, bis sich der Zucker gelöst hat. 300 ml **Milch** in einem Topf erhitzen. Die Ei-Sahne-Mischung unterrühren, 30 g **Weichweizengrieß** einrieseln lassen und unter Rühren aufkochen. Vom Herd nehmen und kurz abkühlen lassen. Den Eischnee unterheben, den Pudding auf zwei Schälchen verteilen und abkühlen lassen. Lauwarm oder kalt servieren.

PASST GUT DAZU:
Zimtzucker und eine Fruchtsauce, z. B. Kirschgrütze (aus dem Kühlregal).

..., die zwar vielleicht noch etwas ruhen müssen, aber garantiert blitzschnell zubereitet sind und jedem Dessertliebhaber ganz easy den Tag versüßen.

MASCARPONE–WEIN–CREME

Für 2 Personen

150 g **Mascarpone** mit 100 g cremigem **Joghurt** und 2–3 EL **Zucker** glatt rühren. 2–3 EL trockenen **Weißwein** (z. B. Riesling) unterrühren. Mit **Zimtpulver** und Weißwein abschmecken. 100 g **Weintrauben** waschen und von den Stielen zupfen. 4 **Cantuccini** (Fertigprodukt) in einen Gefrierbeutel geben und mit dem Nudelholz grob zerbröseln. Die Hälfte der Cantuccinibrösel auf zwei Weingläser verteilen und die Weincreme darüberschichten. Die Weintrauben hineingeben. Die restlichen Cantuccinibrösel darüberstreuen.

HERRENCREME

Für 2 Personen

50 ml **Milch** mit 20 g **Speisestärke** und 1 **Eigelb** verrühren. 200 ml **Milch** mit 30 g **Zucker** und 1 Tütchen **Bourbon-Vanillezucker** aufkochen. Von der Herdplatte ziehen und die Eigelbmischung einrühren. Unter Rühren noch einmal aufkochen, vom Herd nehmen, Frischhaltefolie direkt auf den Pudding legen und abkühlen lassen. 100 g **Sahne** steif schlagen, 50 g **Zartbitterschokolade** grob hacken. Schokolade, Sahne und 2 cl **Rum** unter den abgekühlten Pudding rühren. Die Herrencreme mit Rum abschmecken und nach Belieben mit Schokoraspeln garniert servieren.

BEEREN-JOGHURT-EIS MIT SCHOKOLADE

Schneller Eisgenuss für Spontane

FÜR 4 PERSONEN

- -

100 g Zucker
100 g cremiger Joghurt
50 g Sahne
300 g TK-Beerenmischung
1 EL Zitronensaft
50 g Schokoladenraspel (Zartbitter)

- -

ZUBEREITUNGSZEIT: 15 MIN. +
40 MIN. KÜHLEN
PRO PERSON: 250 KAL.

1 Den Zucker mit dem Joghurt und der Sahne gründlich verrühren.

2 Die Mischung mit den gefrorenen Beeren und dem Zitronensaft mit dem Pürierstab oder in der Küchenmaschine fein pürieren. Dann die Schokoladenraspel unterrühren.

3 Mischung in eine Metallschüssel füllen und zugedeckt im Tiefkühlfach in ca. 20 Min. durchkühlen lassen.

4 Vom fertigen Eis Kugeln abstechen und in Eisbechern anrichten.

TIPP:

Da sich das Eis tiefgekühlt 2 Wochen hält, lohnt es sich nicht, eine kleinere Menge zuzubereiten. Wer mag, kann auch TK-Blaubeeren oder Erdbeeren auf diese Weise zu Eis verarbeiten oder statt Joghurt Quark oder Crème fraîche verwenden.

4 x SCHNELLE QUARKDESSERTS ...

FRUCHTQUARK MIT BANANEN

- -

Für 2 Personen

250 g **Speisequark** (40 %) mit 100 ml gelbem **Frucht-Smoothie** (z. B. Mango-Maracuja) und **30 g Zucker** verrühren. Fruchtquark nach Belieben mit etwas **Zitronensaft** abschmecken und auf zwei Schälchen verteilen. Je 1 TL **Honig** darüberträufeln. 1 **Banane** schälen, in Scheiben schneiden und auf dem Quark verteilen. 30 g **Walnuss-** oder **Pecannusskerne** grob hacken und darüberstreuen.

BLAUBEER-FLAUGNARDE

- -

Für 2 Personen

Den Backofen auf 180° vorheizen. Zwei kleine Auflaufformen (ca. 12 cm Ø) einfetten und jeweils 100 g **TK-Blaubeeren** hineingeben. 250 g **Magerquark,** 50 ml **Milch,** **3 Eier** (Größe M), 50 g **Zucker,** 1 Tütchen **Bourbon-Vanillezucker** sowie je 1 Prise **Salz** und **Zimtpulver** in einer Schüssel verrühren. 2 EL **Speisestärke,** 30 g **Weichweizengrieß** und 1 TL **Backpulver** mischen und unter die Quarkmasse rühren. Den Teig über die Blaubeeren gießen, die Flaugnardes im heißen Backofen (Mitte; Umluft 160°) ca. 30–35 Min. backen, bis sie schön gebräunt sind. Herausnehmen, etwas abkühlen lassen und noch warm servieren.

... beweisen, wie vielseitig Quark sein kann: in jedem Fall einfach perfekt für faule Genießer!

TOPFENSCHMARREN

Für 2 Personen

2 **Eier** (Größe M) trennen. Die Eigelbe mit 200 g **Magerquark,** 40 g **Zucker,** 1 Tütchen **Bourbon-Vanillezucker,** 50 g **Mehl,** 30 g **gemahlenen Haselnüssen,** abgeriebener Schale von 1 **Bio-Zitrone** und 1 Prise **Salz** verrühren. Die Eiweiße mit 1 Prise Salz zu steifem Schnee schlagen und unter den Teig heben. 1 EL **Butter** in einer großen Pfanne erhitzen und den Teig hineingeben. Bei schwacher bis mittlerer Hitze backen, bis die Unterseite leicht gebräunt ist. Die Teigmasse teilen, wenden und von der anderen Seite ebenfalls hellbraun backen. Den Teig mit 2 Gabeln etwas zerpflücken. 1 EL Zucker darüberstreuen und karamellisieren lassen. Den Topfenschmarren großzügig mit **Puderzucker** bestreut servieren.

QUARKCREME MIT WALDBEEREN

Für 2 Personen

200 g **Speisequark** (20 %), 30 g **Zucker** und 7 cl **Irish Cream Likör** (z. B. Bailey's) verrühren. 40 g **Amarettini** in einen Gefrierbeutel füllen und mit dem Nudelholz zerbröseln. In zwei Dessertgläser zunächst je ein Viertel der Amarettinibrösel geben, dann ein Viertel der Quarkcreme und je 1 EL **Waldbeerkonfitüre** daraufschichten. Noch einmal Amarettinibrösel, Quark und Konfitüre genauso darüberschichten und das Dessert 5 Min. ruhen lassen. Mit **Schokosplittern** oder **Kakaopulver** garniert servieren.

HIMBEER–SCHOKO–TÖRTCHEN

Machen Lust auf mehr

FÜR 2 PERSONEN

----

200 g Sahne
3 EL Puderzucker
50 g cremiger Joghurt
1 EL Kakaopulver
2 **Wiener Torteletts** (Fertigprodukt; aus
dem Backregal)
150 g Himbeeren
1–2 EL **Haselnusskrokant** (Fertigprodukt;
aus dem Backregal)

ZUBEREITUNGSZEIT: 15 MIN.
PRO PERSON: 485 KAL.

---

1 Die Sahne halb steif schlagen, 1 EL Puderzucker dazurieseln lassen und die Sahne richtig steif schlagen. Joghurt mit Kakao und restlichem Puderzucker gründlich verrühren, bis sich beides gelöst hat. Die Hälfte der Sahne unterheben.

2 Die dunkle Kakaocreme auf den Torteletts verteilen, die Himbeeren verlesen und daraufsetzen.

3 Restliche Sahne vorsichtig auf die Himbeeren setzen und die Torteletts mit Haselnusskrokant bestreut servieren.

TIPP:

Wer stolzer Besitzer eines Küchenbrenners ist und seinen Gast beeindrucken möchte, verpasst den Törtchen eine Baiserhaube: Dazu nur die Hälfte der Sahne mit 1 TL Puderzucker steif schlagen und komplett unter den Joghurt heben. 1 Eiweiß zu steifem Schnee schlagen. Nach und nach 2 EL Puderzucker einrieseln lassen und weiterschlagen, bis die Masse glänzt. 1 TL Zitronensaft unterrühren. Die Baisermasse wolkenförmig auf den Himbeeren verteilen. Mit dem Küchenbrenner vorsichtig bräunen, die Torteletts mit etwas Puderzucker bestäuben und sofort servieren.

GRIESSSOUFFLÉ MIT PFIRSICHEN

Luftig leicht und ganz einfach

FÜR 2 PERSONEN
- -

2 Eier (Größe M)
150 ml + 1 EL Milch
20 g Weichweizengrieß
40 g Zucker
1 Tütchen Bourbon-Vanillezucker
Salz
1 EL Dampfmohn (gemahlener Blaumohn;
nach Belieben)
300 g Pfirsichhälften (aus der Dose)
Puderzucker zum Bestäuben

- -

ZUBEREITUNGSZEIT: 30 MIN. +
25 MIN. BACKEN
PRO PERSON: 400 KAL.

1 Den Backofen auf 200° vorheizen. Die Eier trennen. 150 ml Milch mit dem Grieß, 30 g Zucker, Vanillezucker und 1 Prise Salz aufkochen und unter Rühren ca. 2 Min. kochen lassen. Vom Herd nehmen, die Eigelbe rasch unterrühren und etwas abkühlen lassen.

2 Eiweiße mit 1 Prise Salz zu steifem Schnee schlagen. Den restlichen Zucker dazugeben und weiterschlagen, bis die Masse glänzt.

3 Die Grießmasse mit der restlichen Milch glatt rühren, nach Belieben den Mohn unterrühren. Eischnee vorsichtig unterheben.

4 Die Pfirsiche abtropfen lassen, in Scheiben schneiden und in zwei kleine Auflaufformen (ca. 12 cm Ø) geben. Die Grießmasse darauf verteilen. Im heißen Backofen (Mitte, Umluft 180°) 20–25 Min. backen.

5 Grießsoufflés herausnehmen, mit Puderzucker bestäuben und sofort servieren. Dazu passt Himbeer- oder Schokosauce.

TIPP:
statt Pfirsichen Birnenspalten verwenden.

4 x SCHNELLES MIT STREUSELN ...

APRIKOSENCRUMBLE

Für 4 Personen

Die doppelte Menge **Streusel** wie beschrieben zubereiten. Den Backofen auf 190° vorheizen. 2 Dosen **Aprikosen** (je 240 g Abtropfgewicht) in ein Sieb geben und abtropfen lassen. Dann in vier kleine Auflaufformen (ca. 12 cm Ø) geben, mit 2 Tütchen **Bourbon-Vanillezucker** bestreuen und mit etwas **Zitronensaft** beträufeln. 80 g weiße **Schokolade** grob hacken und darüberstreuen. Die Streusel darauf verteilen und die Crumble im heißen Backofen (Mitte, Umluft 170°) ca. 30 Min. backen, bis die Streusel schön gebräunt sind. Herausnehmen, etwas abkühlen lassen und noch lauwarm servieren.

PASST GUT DAZU:
Vanillesauce (Fertigprodukt).

VANILLEEIS MIT HEISSEN HIMBEEREN

Für 4 Personen

Den Backofen auf 190° vorheizen. Die **Streusel** wie beschrieben zubereiten, auf einem mit Backpapier ausgelegten Blech verteilen und im heißen Backofen (Mitte, Umluft 170°) 20–25 Min. backen, bis sie goldbraun sind. Inzwischen 1 Glas **Himbeeren samt Saft** (400 g Inhalt) in einen Topf geben und mit 1 EL **Speisestärke,** 1 EL **Zucker** und 1 Tütchen **Bourbon-Vanillezucker** verrühren. Alles erhitzen und kurz köcheln lassen, bis die Flüssigkeit andickt. Zugedeckt warm halten. Die Streusel aus dem Ofen nehmen und leicht abkühlen lassen. 4 Kugeln **Vanilleeis** (Fertigprodukt) in Dessertschalen setzen und mit der Sauce umgießen. Mit den lauwarmen Streuseln bestreuen und sofort servieren.

... für Gäste. Für die Streusel 50 g Butter schmelzen. 75 g Mehl, 35 g Zucker, 30 g Mandelstifte und 1 Prise Salz hinzufügen und mit dem Holzlöffel bröselig rühren.

MINI-KÄSEKUCHEN

Für 4 Personen

Den Backofen auf 180° vorheizen. Für die Käsecreme 350 g **Frischkäse** mit 2 **Eigelben**, 2 EL **Speisestärke**, 1 Tütchen **Bourbon-Vanille-zucker**, 50 g **Zucker**, der abgeriebenen Schale von 1 **Bio-Zitrone** und 1 EL **Zitronensaft** verrühren. Vier ofenfeste Gläser (à ca. 300 ml) oder Förmchen einfetten. Die Käsecreme hineingeben. Die **Streusel** wie beschrieben zubereiten und auf der Creme verteilen. Die Küchlein im heißen Backofen (Mitte, Umluft 160°) 30 Min. backen, bis die Creme gestockt und die Streusel schön gebräunt sind. Aus dem Ofen nehmen und vollständig abkühlen lassen. Vor dem Servieren am besten noch mindestens 2 Std. kühl stellen.

PASST GUT DAZU:
Kirschgrütze (aus dem Kühlregal).

ZIEGENFRISCHKÄSECREME MIT ERDBEEREN

Für 4 Personen

Den Backofen auf 190° vorheizen. Die **Streusel** wie beschrieben zubereiten und auf einem mit Backpapier ausgelegten Blech verteilen. Im heißen Backofen (Mitte, Umluft 170°) 20–25 Min. backen, bis sie goldbraun sind. 300 g **Erdbeeren** waschen, putzen und je nach Größe halbieren oder in Scheiben schneiden. Mit 2 EL **Zucker** mischen und 10 Min. ziehen lassen. Die Streusel aus dem Ofen nehmen und leicht abkühlen lassen. Die Erdbeeren auf vier Schälchen oder Gläser verteilen. 300 g **Ziegenfrischkäse** mit 200 g cremigem **Joghurt**, 60 g Zucker und 1–2 Spritzern **Zitronensaft** verrühren und in die Schälchen geben. Mit den warmen Streuseln bestreuen und sofort servieren.

TIPP:
Wer mag, schneidet noch 4 Minzeblättchen in feine Streifen und gibt sie zu den Erdbeeren.

MANDEL-MARZIPAN-BROWNIES

Saftig, luftig und fluffig

FÜR 8 BROWNIES

50 g Butter

100 g dunkle Blockschokolade

50 g Mehl

50 g gemahlene Mandeln

40 g Zucker

1 Tütchen Bourbon-Vanillezucker

1 TL Backpulver

2 Eier (Größe M)

100 g Apfelmus (Fertigprodukt)

80 g Marzipanrohmasse

30 g Mandelblättchen

1 EL Puderzucker

Fett und Mehl für die Form

ZUBEREITUNGSZEIT: 20 MIN. +
35 MIN. BACKEN
PRO STÜCK: 300 KAL.

1 Den Backofen auf 180° vorheizen. Die Butter mit der Blockschokolade in einem Topf bei ganz kleiner Hitze unter Rühren schmelzen. Oder beides in eine Keramikschale geben und bei Auftaustufe in der Mikrowelle schmelzen.

2 Mehl, gemahlene Mandeln, Zucker, Vanillezucker und Backpulver mischen. Eier und Apfelmus unter die flüssige Schokoladenbutter rühren. Die Mehlmischung unterheben.

3 Den Teig in eine gefettete und gemehlte Form (ca. 20 x 20 cm) füllen. Marzipan in kleine Flöckchen schneiden und darauf verteilen. Die Mandelblättchen darüberstreuen und mit Puderzucker bestäuben.

4 Die Brownies im heißen Backofen (Mitte; Umluft 160°) 30–35 Min. backen, dabei nach 25 Min. nach Bedarf mit Alufolie abdecken.

5 Die Brownies herausnehmen, etwas abkühlen lassen, in Stücke schneiden und aus der Form lösen. Vollständig auskühlen lassen.

TIPP:
Für ein stärkeres Mandelaroma einige Tropfen Bittermandelaroma unter den Teig rühren.

PASST GUT DAZU:
Fruchtsaucen und Vanilleeis.

FAULE MENÜS

DAS MEDITERRANE BLITZ-MENÜ

FÜR 2 PERSONEN
IN 45 MIN. AUF DEM TISCH

Das gibt es
› **Tomatensalat**
 Seite 24
› **Tortellinigratin**
 Seite 66
› **Ziegenfrischkäsecreme mit Erdbeeren und Streuseln**
 Seite 129 (halbes Rezept)

So gehen Sie vor

1 Für das Dessert zunächst die halbe Menge Streusel zubereiten und backen.

2 Während der Backzeit das Tortellinigratin und die Käsecreme (halbes Rezept) vorbereiten. Die Käsecreme zugedeckt kühl stellen.

3 Die Streusel aus dem Ofen nehmen und beiseitestellen. Die Backofentemperatur erhöhen.

4 Das Gratin backen. Inzwischen den Tomatensalat vorbereiten und servieren.

5 Das Gratin bis zum Servieren im leicht geöffneten und ausgeschalteten Ofen ruhen lassen.

6 Die Erdbeeren (halbes Rezept) vorbereiten und beiseitestellen. Das Gratin servieren.

7 Das Dessert anrichten und servieren.

MIT AUF DEN TISCH KÖNNEN:
knuspriges Baguette oder Ciabatta. Dazu passt auch Zitronen-Aioli (Seite 103).

DEKO-TIPP:
Töpfchen mit blühendem Lavendel, Thymian oder Rosmarin, Olivenzweige und Artischockenblüten sorgen für mediterranes Ambiente.

DAS SOMMERLICHE CROSSOVER-MENÜ

FÜR 2 PERSONEN
IN 45 MIN. GEMACHT

Das gibt es
> **Blattsalat mit gegrillter Ananas**
  Seite 110
> **Asia-Spaghetti**
  Seite 84
> **Panna cotta mit Mango**
  Seite 118

So gehen Sie vor

1 Die Panna cotta zubereiten und kühl stellen.

2 Die Spaghetti kochen. Während des Kochens bereits Ananas und Mango vorbereiten und beiseitestellen.

3 Spaghetti abgießen, abschrecken, abtropfen lassen und beiseitestellen. Restliche Zutaten für das Hauptgericht vorbereiten und bereitstellen.

4 Den Salat vorbereiten. Die Ananas mit etwas Öl in einer Grillpfanne von beiden Seiten goldbraun grillen und mit dem Salat servieren.

5 Das Hauptgericht zubereiten und servieren.

6 Das Dessert anrichten und servieren.

MIT AUF DEN TISCH KÖNNEN:
als zweites Salattopping in der Pfanne gebratener gefüllter Tofu (Seite 104), Baguette und mit etwas Zitronengraspaste aromatisierte Knoblauchbutter.

DEKO-TIPP:
Zitronen und Limetten in Holzschalen, Senfkörner in Holzschälchen, getrocknete Chilischoten und Zitronengras locker auf dem Tisch verteilt verbreiten sowohl mediterranes als auch asiatisches Flair.

FAULE MENÜS

DAS HERBSTLICHE GENIESSER-MENÜ

FÜR 2 PERSONEN
IN 40 MIN. GEHT'S LOS

Das gibt es
› **Kürbissuppe**
    Seite 30
› **Lauch-Birnen-Tarte**
    Seite 48
› **Mascarpone-Wein-Creme**
    Seite 119

So gehen Sie vor

1 Die Suppe vorbereiten und 10 Min. köcheln lassen.

2 Während des Köchelns bereits den Backofen vorheizen. Das Gemüse für die Tarte vorbereiten und dünsten.

3 Die Suppe fertigstellen und bei schwacher Hitze zugedeckt warm halten.

4 Den Guss herstellen, die Tarte fertigstellen und backen.

5 Die Mascarponecreme zubereiten und kühl stellen. Cantuccini zerbröseln. Trauben waschen und abzupfen, alles beiseitestellen.

6 Die Suppe anrichten und servieren.

7 Die Tarte aus dem Ofen nehmen und etwas abkühlen lassen. Dann servieren.

8 Das Dessert fertigstellen und servieren, dabei mit ein paar Cantuccinibröseln bestreuen.

MIT AUF DEN TISCH KÖNNEN:

als „kleinen Gruß aus der Küche" vorab ein halbes Rezept Brie-Kräcker (Seite 16) oder Gurken-Taler (Seite 17) und der Weißwein aus dem Dessert als Getränk.

DEKO-TIPP:

Kiefernzapfen, Walnüsse und Lampionblumen in Holzschalen und bunte Ahornblätter auf dem Tisch passen perfekt in den Herbst und verbreiten rustikalen Landhausstil.

DAS SPONTANE CANDLELIGHT-DINNER-MENÜ

FÜR 2 PERSONEN
IN 35 MIN. STARTBEREIT

Das gibt es
› **Rucolasalat**
  Seite 25
› **Gratinierte Polenta**
  Seite 74
› **Aprikosen-Crumble**
  Seite 128 (halbes Rezept)

So gehen Sie vor

1 Die Polenta zubereiten und in zwei Auflaufformen (à ca. 12 cm Ø) füllen. Mit den restlichen Zutaten belegen.

2 Die Streusel zubereiten und die Aprikosen (halbes Rezept) ebenfalls backbereit in zwei Auflaufformen vorbereiten.

3 Den Backofen auf 200° vorheizen. Den Salat zubereiten, anrichten und servieren. Je nach Wunsch die Polenta gleichzeitig oder erst nach einigen Minuten in den Backofen geben.

4 Die Polenta herausnehmen. Die Backofentemperatur herunterschalten. Die Streusel auf den Aprikosen verteilen und die Crumble im heißen Ofen backen. Polenta servieren.

5 Die Crumble herausnehmen, etwas abkühlen lassen und ebenfalls servieren.

MIT AUF DEN TISCH KÖNNEN:
Röstbrot für den Salat, Vanillesauce (Fertigprodukt) für die Crumble.

DEKO-TIPP:
große Gläser mit halbtransparentem Dekopapier oder Pergamentpapier umfassen und mehrfach mit Zierdraht umwickeln. Teelichter anzünden und hineinsetzen. Weitere schlichte Gläser halb mit Wasser füllen, weiße Rosenblüten hineinsetzen. Einige Dekoperlen um die Gläser verteilen.

DAS WAR Sooo GuT!

BITTE MEHR DAVON ...

REGISTER VON A–Z

So viel mehr lecker.

IMPRESSUM

Der Autor

Martin Kintrup kochte schon während seines Studiums mit Begeisterung in einem vegetarischen Restaurant. Inzwischen hat er seine Lust am Kochen, Essen und Genießen zum Beruf gemacht. Als Autor und Redakteur arbeitet er für mehrere Verlage und hat schon zahlreiche Kochbücher geschrieben. Mit neuen bequemen Rezeptideen bringt er nun Speed in die grüne Küche.

Der Fotograf

Michael Wissing
Der Fotodesigner (BFF), Fotograf und Schriftsetzer arbeitet in seinem Studio im Schwarzwald für renommierte internationale Magazine, Agenturen, Firmen und Verlage und erhielt bereits mehrere internationale Preise und Auszeichnungen. In Szene gesetzt wurden die faulen Gerichte von Andreas Neubauer (Foodstylist). Weitere Mitarbeiter: Yasemin Aus der Kahmen (Fotoassistenz) und Joss Andres (Postproduktion und digitale Retusche).

Bildnachweis
Alle Fotos:
Michael Wissing

Syndication:
www.jalag-syndication.de

Projektleitung:
Viktoria Hübner, Sigrid Burghard
Lektorat:
Susanne Bodensteiner
Korrektorat:
Petra Bachmann
Umschlag und Gestaltung:
**independent Medien-Design,
Horst Moser, München**
Herstellung:
Christine Mahnecke
Satz:
Liebl Satz+Grafik, Emmering
Repro:
Longo AG, Bozen
Druck & Bindung:
Printer, Trento

© 2012 GRÄFE UND UNZER VERLAG GmbH, München

ISBN 978-3-8338-2627-6

6. Auflage 2014

 www.facebook.com/gu.verlag

DIE GU-QUALITÄTS-GARANTIE

Liebe Leserin, lieber Leser,
wir möchten Ihnen mit den Informationen und Anregungen in diesem Buch das Leben erleichtern und Sie inspirieren, Neues auszuprobieren. Alle Informationen werden von unseren Autoren gewissenhaft erstellt und von unseren Redakteuren sorgfältig ausgewählt und mehrfach geprüft. Deshalb bieten wir Ihnen eine 100 %ige Qualitätsgarantie. Sollten wir mit diesem Buch Ihre Erwartungen nicht erfüllen, lassen Sie es uns bitte wissen. Sie erhalten von uns kostenlos einen Ratgeber zum gleichen oder ähnlichen Thema. Wir freuen uns auf Ihre Rückmeldung, auf Lob, Kritik und Anregungen, damit wir für Sie immer besser werden können.

GRÄFE UND UNZER Verlag
Leserservice
Postfach 86 03 13
81630 München
E-Mail:
leserservice@graefe-und-unzer.de

Telefon: 00800 – 72 37 33 33*
Telefax: 00800 – 50 12 05 44*
Mo-Do: 8.00–18.00 Uhr
Fr: 8.00–16.00 Uhr
(gebührenfrei in D, A, CH)*

Ihr GRÄFE UND UNZER Verlag
Der erste Ratgeberverlag – seit 1722.

GRÄFE UND UNZER

Ein Unternehmen der
GANSKE VERLAGSGRUPPE

OBST- UND GEMÜSE

- ___ ÄPFEL
- ___ AUBERGINEN
- ___ AVOCADO
- ___ BABYANANAS
- ___ BANANE
- ___ BIRNEN
- ___ BLATTSPINAT (KÜCHENFERTIG)
- ___ ERDBEEREN
- ___ FRÜHLINGSZWIEBELN
- ___ HIMBEEREN
- ___ HOKKAIDOKÜRBIS
- ___ INGWER
- ___ KARTOFFELN (VORWIEGEND FESTKOCHEND, FESTKOCHEND UND MEHLIGKOCHEND)
- ___ LAUCH
- ___ LIMETTEN (BIO)
- ___ MANGO
- ___ MÖHREN
- ___ MUNGBOHNENSPROSSEN
- ___ ORANGEN (BIO)
- ___ PAPAYA
- ___ PAPRIKASCHOTEN (ROT, GELB UND GRÜN)
- ___ PFIRSICHE
- ___ PILZE (AUSTERNPILZE, CHAMPIGNONS, SHIITAKE)
- ___ RADICCHIO
- ___ ROMANA-SALATHERZEN
- ___ ROTE BETE (VORGEGART)
- ___ SALATGURKE (BIO, MINI)
- ___ SALATMIX
- ___ SPARGEL (GRÜN)
- ___ SPITZKOHL
- ___ SPITZPAPRIKASCHOTEN (ROT)
- ___ STAUDENSELLERIE
- ___ SÜSSKARTOFFEL
- ___ TOMATEN/KIRSCHTOMATEN
- ___ WEINTRAUBEN (KERNLOS)
- ___ ZITRONEN (BIO)
- ___ ZUCCHINI

FRISCHE KRÄUTER

- ___ BASILIKUM
- ___ KORIANDERGRÜN
- ___ KRESSE (BEET)
- ___ MINZE
- ___ PETERSILIE
- ___ RUCOLA
- ___ SCHNITTLAUCH

KÜHLTHEKE

- ___ BERGKÄSE
- ___ BLÄTTERTEIG (FRISCH; 275 G)
- ___ BLAUSCHIMMELKÄSE
- ___ BRIE
- ___ BUTTER/BUTTERSCHMALZ
- ___ CRÈME FRAÎCHE
- ___ EMMENTALER (GERIEBEN)
- ___ FERTIG-PIZZATEIG (400 G)
- ___ FETA-KÄSE
- ___ FRISCHKÄSE
- ___ FRUCHT-SMOOTHIES
- ___ GOUDA (AM STÜCK)
- ___ HALLOUMI-KÄSE
- ___ HARTKÄSE
- ___ JOGHURT
- ___ KRÄUTERBUTTER
- ___ MASCARPONE
- ___ MILCH
- ___ MOZZARELLA (AUCH ALS MINI-MOZZARELLA-KUGELN)
- ___ PIZZAKÄSE (GERIEBEN)
- ___ QUARK (MAGER/20 %/40 %)
- ___ RAVIOLI (FRISCH)
- ___ SALATMAYONNAISE
- ___ SAURE SAHNE/SAHNE
- ___ SCHMAND
- ___ SPÄTZLE (FRISCH)
- ___ TOFU/RÄUCHERTOFU
- ___ TORTELLINI (FRISCH)
- ___ ZAZIKI
- ___ ZIEGENFRISCHKÄSE
- ___ ZIEGENGOUDA (IN SCHEIBEN)
- ___ ZIEGENKÄSEROLLE

TIEFKÜHLTRUHE (TK)

- ___ BEERENMISCHUNG
- ___ BLATTSPINAT
- ___ BLAUBEEREN
- ___ BUTTERGEMÜSE
- ___ DILL
- ___ ERBSEN
- ___ KRÄUTERMISCHUNG
- ___ PETERSILIE
- ___ RAHMSPINATPLÄTTCHEN
- ___ ROSENKOHL
- ___ SCHNITTLAUCH
- ___ SUPPENGRÜN
- ___ VANILLEEIS
- ___ ZWIEBELN

DIE BASICS

- ___ ACETO BALSAMICO/ACETO BALSAMICO BIANCO
- ___ CORNFLAKES
- ___ EIER
- ___ GEMÜSEBRÜHE (GEKÖRNT)/ GEMÜSEFOND
- ___ HAFERFLOCKEN (KERNIG)
- ___ HONIG
- ___ INSTANT-KARTOFFELKNÖDEL-PULVER
- ___ KNOBLAUCH
- ___ ÖL/OLIVENÖL
- ___ SALZ/PFEFFER
- ___ SEMMELBRÖSEL
- ___ SENF (MITTELSCHARF UND KÖRNIG)
- ___ TOMATENMARK
- ___ WEICHWEIZENGRIESS
- ___ WEISSWEINESSIG
- ___ ZUCKER
- ___ ZWIEBELN/SCHALOTTEN/ROTE ZWIEBELN

AUS DOSE UND GLAS

- [ ] ANANASWÜRFEL
- [ ] APFELMUS
- [ ] APRIKOSEN
- [ ] ARTISCHOCKENHERZEN
- [ ] AUBERGINENSCHEIBEN
- [ ] BÄRLAUCHPESTO (OHNE PARMESAN)
- [ ] BOHNEN (WEISS)
- [ ] CHILISCHOTEN/PEPERONI
- [ ] HIMBEEREN
- [ ] KAPERN
- [ ] KICHERERBSEN
- [ ] LINSEN (TELLERLINSEN UND ROTE)
- [ ] MAIS
- [ ] MEERRETTICH
- [ ] MINI-MAISKÖLBCHEN
- [ ] OLIVEN (GRÜN UND SCHWARZ)
- [ ] PAPRIKASCHOTEN (GERÖSTET, GEHÄUTET)
- [ ] PFEFFERKÖRNER (GRÜN)
- [ ] PFIRISICHHÄLFTEN
- [ ] PFLAUMENMUS
- [ ] PREISELBEERMUS
- [ ] SAUERKRAUT (3-MINUTEN-KRAUT)
- [ ] SILBERZWIEBELN
- [ ] TAPENADE
- [ ] TOMATEN (GETROCKNET IN ÖL)
- [ ] TOMATEN (STÜCKIG)
- [ ] TOMATENPÜREE
- [ ] WALDBEERKONFITÜRE

AUS DEM BACKREGAL

- [ ] BACKPULVER
- [ ] BLOCKSCHOKOLADE
- [ ] BOURBON-VANILLEZUCKER
- [ ] DAMPFMOHN
- [ ] HASELNUSSKROKANT
- [ ] KAKAOPULVER
- [ ] MARZIPANROHMASSE
- [ ] MEHL
- [ ] PUDERZUCKER
- [ ] SCHOKORASPEL
- [ ] SPEISESTÄRKE
- [ ] WIENER TORTELETTS

NÜSSE, TROCKEN-FRÜCHTE & CO.

- [ ] PINIENKERNE
- [ ] WALNUSSKERNE
- [ ] ERDNUSSKERNE (GERÖSTET)
- [ ] HASELNUSSKERNE (GEMAHLEN UND ALS BLÄTTCHEN)
- [ ] MANDELN (GEMAHLEN, ALS BLÄTTCHEN UND ALS STIFTE)
- [ ] ROSINEN
- [ ] CRANBERRYS (GETROCKNET)
- [ ] APRIKOSEN (GETROCKNET)

SÜSSIGKEITEN & GEBÄCK

- [ ] AMARETTINI
- [ ] CANTUCCINI
- [ ] SCHOKOLADE (WEISS UND ZARTBITTER)

AUS DEM ASIEN-REGAL

- [ ] AGAR-AGAR-PULVER
- [ ] ASIATISCHE REISNUDELN
- [ ] CHILISAUCE (SÜSS UND SCHARF)
- [ ] CURRYPASTE (GELB)
- [ ] KOKOSMILCH
- [ ] MANGO-CHUTNEY
- [ ] REISESSIG
- [ ] REIS-VERMICELLI
- [ ] SOJASAUCE (HELL)
- [ ] WOKNUDELN (INSTANT-NUDELN OHNE VORKOCHEN)
- [ ] ZITRONENGRASPASTE

NUDELN, REIS & CO.

- [ ] BASMATIREIS
- [ ] HARTWEIZEN (VORGEGART UND GESCHÄLT, Z.B. EBLY)
- [ ] INSTANT-COUSCOUS
- [ ] INSTANT-POLENTA
- [ ] PENNE
- [ ] RISOTTOREIS MIT SAFRAN (VORGEGART) ODER MINUTEN-MILCHREIS
- [ ] SPAGHETTI
- [ ] TAGLIATELLE

GETRÄNKE/ALKOHOL

- [ ] APFELSAFT
- [ ] IRISH CREAM LIKÖR (Z. B. BAILEY'S)
- [ ] ORANGENSAFT
- [ ] RUM
- [ ] TROCKENER WEISSWEIN
- [ ] VERMOUTH

Auch zum Download auf
www.gu.de/kochenfuerfaule